# 最好的养育，是让孩子做自己

The Best Parenting
Is To Let The Child Be Himself.

月下客◎著

天津出版传媒集团

天津人民出版社

**图书在版编目（CIP）数据**

最好的养育，是让孩子做自己 / 月下客著. -- 天津：
天津人民出版社，2018.6

ISBN 978-7-201-13429-1

Ⅰ.①最… Ⅱ.①月… Ⅲ.①家庭教育 Ⅳ.①G78

中国版本图书馆CIP数据核字（2018）第097798号

**最好的养育，是让孩子做自己**
ZUIHAO DE YANGYU，SHI RANG HAIZI ZUOZIJI

| | |
|---|---|
| 出　　版 | 天津人民出版社 |
| 出 版 人 | 黄　沛 |
| 地　　址 | 天津市和平区西康路35号康岳大厦 |
| 邮政编码 | 300051 |
| 邮购电话 | （022）23332469 |
| 网　　址 | http://www.tjrmcbs.com |
| 电子邮箱 | tjrmcbs@126.com |

| | |
|---|---|
| 责任编辑 | 陈　烨 |
| 策划编辑 | 姜舒文 |
| 装帧设计 | 胡椒书衣 |

| | |
|---|---|
| 制版印刷 | 三河市兴达印务有限公司 |
| 经　　销 | 新华书店 |
| 开　　本 | 710×1000毫米　1/16 |
| 印　　张 | 16 |
| 字　　数 | 220千字 |
| 版次印次 | 2018年6月第1版　2018年6月第1次印刷 |
| 定　　价 | 39.80元 |

# 在时间面前，我们都是孩子

2016年冬，有一天我带月宝在商场买东西，突然听到一个孩子歇斯底里的哭声，循声望去，看到一个3岁左右的小男孩，正在边哭边踉跄地追赶一个年轻的女人。

那个被小男孩称为妈妈的女人一脸坚定，头也不回地往前走，在他身后四五米左右的那个小男孩一脸惊恐。

还有一次，我在超市里看到一个母亲打孩子，因为孩子索要一个玩具，无计可施的母亲便揪住他的头发，对他一通暴打，引来无数人围观。

这样的场面在我们的生活中并不少见，孩子会任性、会犯错、会不听话，也许在家长看来，这种"临时性"的抛弃和体罚不过是对孩子的一种惩戒，一种警告，但是我一直忘不掉这两个孩子的眼神，那种深深的不安全感、被抛弃感，那种深深的不被爱、不被接纳的感觉在孩子的瞳仁里无限放大，正在深深地刻入他们的潜意识里。那一刻，我忽然觉得，如果这个世界上有谁需要帮助的话，应该是孩子。

从2015年开始，我一直在写亲子教育类的文章，主题偏重于帮助那些心力交瘁的宝儿妈们，后来我发现她们之所以心力交瘁，是因为她们不懂得如何教育孩子。

我们在教育孩子的过程中，植入了太多自己的价值观，自己童年的阴影，自己未完成的梦想，我们把孩子当成了自己的私有财产，自己的替代品，我们和孩子一起成长的过程，变成了一场控制与反控制的博弈。

但是孩子生来并非一张白纸，任由家长随意涂抹上他们想要的色彩。每个孩子都有自己的天性，自己的天赋，自己的人生。所以家长给孩子最好的爱，不是塑造，而是成全，是让他们全心全意、毫无顾忌地做自己。

于是2017年初我成立了自己的公众号——月下客，以自己带孩子的经历为素材，从生活中的小事出发，分析和解读孩子的心理，帮助家长们更好地理解孩子，助力孩子成长。

期间公众号后台一直有家长给我留言，说我写的亲子文章给了他们力量，缓解了他们的焦虑，让他们更加理解了自己的孩子。他们问我，为什么会如此谙熟孩子的心理。

我并非有优于大家的长处，只是我不曾忘记自己做孩子时是什么状态。

孩提时，我有过怎样的渴求？受过怎样的委屈？是什么让我的成长受益？又是什么让我的成长受阻？我要感谢我的父母，让我在可以做孩子的时候全心全意地做孩子，没有在不适合的年龄有过迫不得已的懂事和担当，如今才可以对孩子的心理了如指掌。

其实，在时间面前，我们何尝不都是孩子？只不过有人从来没有好好地做过孩子，或者他们忘记了做孩子时是什么模样。

我要感谢我的孩子月宝，是她给了我很多创作的素材和灵感，透过她的眼睛，我重新看到了这个世界很多久违的单纯和美好。

我还要感谢那些虚心的家长，愿意放下自己的执拗，愿意放下自己的身份，愿意去听一听孩子心灵深处的声音，而不是自以为是地端着家长的架子，延续那些错误的育儿方式。

我们都知道原生家庭会对人的一生产生深邃的影响，此刻我们就是孩子的原生家庭，未来孩子也将成为父母，他们也会成为后代的原生家庭。但愿我们从现在开始，可以开拓出一种健康的育儿方式，真正懂得如何去爱孩子，让孩子切身感觉到被爱；真正地接纳孩子，让他们勇敢地去做自己。因为只有被爱过的孩子，才能散发出爱的能量，让我们未来的世界变得更美好。只有做自己的孩子才有机会施展自己的天赋，散发出属于自己的独特光芒。

终有一天我们会发现，原来不是我们陪孩子一起度过童年，而是孩子陪我们一起重温童年，当我们成全了孩子，学会了爱与被爱，曾经属于我们的伤痛会被治愈，曾经我们深藏的梦想也会被激发，原来不是我们成全了孩子，而是孩子成全了我们！

亲爱的孩子——
降入世间的精灵，
谢谢你！
我爱你！

月下客

# 目录

## 第一章　陪伴，让孩子永远朝着光的方向

## 第二章　真正的爱，是读懂孩子的心

## 第三章　每个孩子都是一座宝藏

# 第四章　让孩子像孩子那样长大

# 第五章　最好的亲子关系，是彼此成全

# 第一章

# 陪伴，让孩子永远朝着光的方向

陪伴，是我们能够给予孩子的最好的礼物，

那结伴同行的岁月，让我们永生难忘，

那曾经温暖的时光，给我们勇往直前的力量。

# 帮孩子扣好人生的第一枚扣子

**｜◖01◗｜**

今天我们在办公室里讨论"生娃后什么时候最轻松"这个话题。

A姐孩子上小学，她说，上幼儿园时最轻松。每天不用起早贪黑做早点，不用下午三点请假去接娃，不用回家辅导孩子写作业。孩子上幼儿园的日子是天堂！

B姐孩子刚五个月，她说，我天天盼着孩子上幼儿园。不用夜夜起来喂奶，不用撑着眼皮哄他睡觉，不用没完没了地给他洗尿湿的裤子。不然等他两岁就送幼儿园宝宝班吧！

但是孩子正在上幼儿园的我，并没有觉得多轻松。白天要忙工作，晚上孩子睡着后要写稿子，其余的时间都给了月宝，感觉整个人成了一台永动机，忙得都快要精神分裂了。

也许孩子再大一点，上了初中或高中就会好了？

不！

一直没吭声的C姐说话了，上了中学孩子开始叛逆，成绩开始动荡，青春期的小火苗开始蠢蠢欲动，那时候家长才会领略什么叫操心。

讨论的结果出来了，原来还是生娃前的日子最轻松！

## 02

大家苦哈哈地笑了起来，却被C姐的一声叹气打断了。

"唉！"她说，"我劝你们好好珍惜孩子小时候的时光，很多问题等他长大后再解决，就难了。"

C姐年轻时在一家公司做业务员，为了保住工作，生完孩子两个月后她就回到工作岗位了，婆婆嫌在儿子家里照顾孙子不方便，非要把孙子抱到自己家里带。

C姐家和婆婆家虽然在一个城市，但是开车也要近一个小时。刚开始，C姐下了班就往婆婆家跑，去看孩子、喂奶。

后来因为下班晚，太累了，奶水质量也不好，干脆四个月时就把奶给断了。一断奶，人轻松了许多。

再后来，就懈怠了，三天回去看一次孩子，再后来一周一次，再再后来半个月一次。直到她每次走的时候，孩子不哭了，平时也想不起来用奶奶的手机给她打电话了，对她买的礼物，也不稀罕了。

但是真发现孩子的改变是从他六年级开始，因为孩子马上要上初中，C姐突然意识到该抓孩子学习了，就和老公商量着把孩子转到了家附近的小学。

她这才发现孩子成绩那么差！

以前差，是因为她没管。但是现在，她给孩子找了那么多家教，天天催着他学习，还那么差！好的初中自然没考上，勉强上了个普通学校。

C姐有前车之鉴，知道不能等到毕业班了才努力，所以孩子一上初一她就开始抓学习。

但是谈何容易！孩子沉迷网游，指东打西，三天两头被请家长，多说他两句，他就"砰"地把门一关，躲进自己卧室里去了。

有一次C姐急了，一脚把门踹开，指着他说："陈XX，我不管你，你还来劲了是吧？！"

陈同学手捧着手机，不愠不火地说："你管我？你什么时候管过我？"

C姐一肚子火"嗞"地一下被浇灭了。她站在原地，一句话也说不出来，脑子里突然闪过一句话——"我没有妈"——那是孩子小学时说的。

原来孩子对童年时父母的缺席，并非不介意。小时候他无力索取，只能被动地接受父母位置的空白，他等待着父母到来，从希望等到失望，从失望等到绝望。

后来，他不再等了，他忘了。但是潜意识中他并没有忘，他必须通过不停地制造麻烦来释放那些悲伤，来发泄那些愤怒，看到父母为他着急，他终于能证明父母是爱他的。

C姐后悔了，如果时间能够倒流，再苦再累她也要把孩子带在身旁，她现在终于明白，良好的亲子关系的基础，是在孩子年幼的时候打下的。

那时候你喜欢和他聊天说话，他长大了有什么事情也喜欢和你分享。

那时候你总是支持他，给他力量，他长大了遇到问题也第一个想到你。

那时候，你是他的朋友，他长大了也把你当哥们，当闺蜜。

那时候，你们的心靠得很近，他长大了也不会离你远去。

孩子长大后，你才会懂得，他身上的大部分问题，都源自幼年时期的亲子关系。

🎧 03

都说现在这个时代，哪个家长掌握了最优质的教育资源，哪个家长就拉近了孩子的起跑线。但是，最奢侈的教育资源，其实就是陪伴的时光啊！

亲子关系和任何关系都一样，好与坏，不在于投入多少金钱，而在于投入多少感情；不在于花费了多少心思，而在于投入了多少"走心"的陪伴。

好的关系，不是我爱你，而是我懂你。99%的家长都爱孩子，但是只有1%的家长能懂孩子。

我把业余的全部精力都投入到了对月宝的陪伴上，尽管累，却乐此不疲。先生有一次问我："看到身边的朋友带孩子学奥数，学英语，学这学那，你慌吗？"

我不慌。如果孩子小小年纪学富五车，但是我却不懂她，那样我才会慌。

我们穿衣服时，如果扣错了第一枚扣子，后面扣子的位置就都会错，所以，我只想帮孩子扣好人生的第一枚扣子，剩下的她自然就会扣好。

因为我知道，孩子小时候省的事，都会变成以后要操的心。

所以我宁可在孩子小时候多费点儿事，多费点儿心，也要帮她把第一枚扣子扣好。

孩子小时候的时光其实一眨眼就过去了，一点也不漫长！

## 愿每一个被称为爸爸的男人，
## 都能真正成为父亲

🎧 01

有一天傍晚在幼儿园接月宝，出大门的时候，撞见一个爸爸领着孩子匆匆赶来，他把一个书包举到值班老师眼前："陈老师，不好意思，书包拿错了。"

陈老师接过书包："这是谁的？"

"不知道啊。"

"您从哪儿拿的？"

"不知道啊！可能是刚才在滑梯那玩的时候拿错了。"

说着，他顺势推了孩子后脑勺一下："你怎么连自己的书包都不认识呢？"

孩子说："我认识啊，这书包不是你拿回来的吗？上车的时候还是我发现拿错了呢。"

爸爸脸上有点挂不住，把孩子往幼儿园里边推："去去去，赶紧找你书包去，找不着明天别上学了。"

等父子俩走远了，陈老师说："总看见这样的爸爸，要么拿错孩子的书包，要么拿错孩子的轮滑鞋，要么来问我孩子的教室在哪里，感觉现在的爸爸，对孩子上心的太少了。"

孩子的书包长什么样都不知道，难道孩子上学放学，做爸爸的都没有对孩子的背影深深望过一眼吗？

🎧02

前不久，一个妈妈群里有人问，孩子和爸爸在一起的时间也不短，爸爸也经常抽时间和孩子在一起，但是为什么孩子就是和爸爸亲密不起来？

她的问题让我想起去年发生的一件事。

我们有几个朋友经常以家庭为单位带孩子一起小聚，其中有一个朋友的老公总是不出席，可能是月宝爸比较开朗的缘故，那个朋友的孩子小希很喜欢找月宝爸一起玩儿。

有一次大家一起爬山，爬到中途孩子们都累了，爸爸们就一个个地把孩子扛了起来，最后只有小希一个人剩下了。她嚷嚷着让妈妈抱，但是妈妈提着一堆东西抱不了，小希就很失落，说爸爸为什么不能一起来呢？

后来有一次，小希的爸爸也来了，但是小希还是喜欢找别人的爸爸一起玩。这是为什么呢？

我暗中观察了一下，在整个活动过程中，小希不止一次地靠近她爸爸，问他问题，请他帮忙，但是他都只顾着低头看手机，偶尔说句话，也是说："你去找小朋友们玩，爸爸这忙着呢！"

后来小希在吃饭的过程中，不止一次流露出焦躁、委屈的情绪，在一群小朋友中间显得"很不乖"。这时候她爸爸反而及时出现，大声地喝止了她。有好几次矛盾马上要升级，朋友赶紧站出来打圆场，说孩子可能是困了，但我更愿意相信，小希的烦躁是因为对父爱的索求没有得到回应，而造成了她的压抑和愤怒。

我能看出来，那次小希的心情比爸爸不在场时更糟糕！

## 03

随着孩子年龄增长，孩子们对父爱的渴求越来越多，爸爸的长期缺席会给孩子身心造成严重的负面影响。

但是有一些爸爸长期生活在孩子身边，付出了很多时间去陪伴孩子，也没有形成很好的亲子关系，这是因为，他们对孩子的陪伴都是"假性陪伴"。

所谓假性陪伴，就是单纯的"物理陪伴"，即我一直和你在一起，但是你做什么我不关心，你想什么我也不知道，这样的家长虽然表面上是在陪伴孩子，但是并没有与孩子展开情感交流和思想沟通，从而使得陪伴有名无实。

如同小希的爸爸，虽然出席了活动，但"身在曹营心在汉"，给了孩子陪伴的希望，却因为冷漠和疏离让她产生了更大的失落和失望。

在足球赛中，有的运动员上了场却不尽力踢球，一定会让队友懈怠，人心涣散。在工作中，有人按时到岗，却无所事事，反而会让工作滞后，拖团队的后腿。

所以陪伴不在于花费多少时间，而在于投入了多少心思，用了多少感情，办了多少实事！

🎧 04

　　还有一些爸爸虽然做到了陪伴，但是如果没有采用恰当的方式，这种陪伴反而会带来比缺席更坏的影响。

　　有一个朋友曾经跟我讲起他的爸爸，说他的爸爸对他管教非常严格，小时候从学习到交友，每一个细节都要牢牢把控，人生的每一步都要听从他的安排。

　　他18岁以前，卧室的门从来不允许关，抽屉不允许上锁，打电话给女同学也要汇报来龙去脉。

　　他唯一一件没听从老爸安排的事就是填报高考志愿，为了坚持自己的选择，他差点和家庭决裂，他唯一的想法就是要脱离老爸的掌控，考得远远的。

　　毕业后他曾经和同学一起创业，结果不到一年，资金链断掉，赔了个血本无归。

　　有一天傍晚，他们三个合伙人坐在马路牙子上抽烟，这时其中一人的电话响了，是他老爸打来的，老爸在电话里说，要是撑不住了，就回家。那哥们哭了，他也哭了。人家是被爸爸感动的，他哭是因为他忽然发现，同是爸爸，但之间是有天壤之别的。

　　有的爸爸被称为父亲，而有的却只能在口头上称一声爸爸。

　　什么是父亲呢？大概就是平日里觉得可有可无，不需要像母亲一样亲亲抱抱，通个电话也不像母亲那般絮叨，甚至可能还觉得无话可说。但是一遇到事就会第一个想起他，在做重大决策前想听听他的意见，憋屈了想找他谈谈，他话不多，但一两句话就能让你迅速恢复精神，让你在任何时候都不会觉得无助，因为背后总有一个鼓励你的人。

但是能做到这般的父亲少之又少，他看似在孩子的生命中轻描淡写，实则投入了非常多的情感，给足了孩子目不转睛地关注，润物细无声的关怀，才能让孩子对他建立起足够的信赖。

一个像样的父亲，一定有足够的情感做依托，有足够的修养做底色，才能在孩子的世界里活得顶天立地。

而有一些爸爸在孩子童年时缺席，在孩子少年犯错误时靠武力解决，轻则骂，重则打，解决问题简单粗暴，在孩子青春叛逆时和孩子没有丝毫情感沟通，却天真地想拿出家长的威严来。

这样的爸爸未必不爱孩子，只是他把父亲这个角色想得太简单。

🎧 05

所有的男人都可以成为爸爸，但不是每一个爸爸都配称为父亲，成为爸爸只靠生理本能就可以，但是作为父亲，却一定要肩负起成就一个孩子的责任。

给足孩子关怀，让他在童年时感到温馨。

给足孩子力量，让他在少年时果敢、自信。

给足孩子包容，让他在青春期时和你没有秘密。

做爸爸没什么了不起，希望所有的爸爸，都能真正成为父亲！

# 母爱是一场轮回的辜负

## 01

自从教会了老妈聊微信，她每天都发消息给我。

有时正激情飞扬地写着稿子，突然"哐啷"一条微信进来，是条语音，58秒，老妈发来的。

与喷薄欲出的文思相比，老妈的语速显得格外悠软绵长："今天我听一条广播，说鸡脖子不能吃了，他们会从鸡脖子注射激素……""啊，好了妈，我没时间啃鸡脖子，我先忙了啊！"

有时候，急急忙忙赶去开会，老妈"哐啷"一条微信进来："十分必要留个影，猜一个字。"

晕啊！"回头再说吧！我开会。"

更多的时候，老妈拉我聊家常，讲电视剧情节，聊得义愤填膺的，我说："那种狗血剧情我能给您整八个，您别那么入戏好吗？"

"我正忙着呢！"这是我回复老妈最多的一句话。但也有很多时候，我发现自己其实在群里闲聊了半个小时，逛淘宝逛了整个下午，看跑男笑得差点撒手人寰……

我真的有那么忙吗？

于是，我心怀内疚地打电话过去，老妈不管在做什么都会停下手里的事跟我聊天。我说什么她都觉得好笑，我说什么她都感兴趣，我说什么她都念念不忘。

那天我跟她说起我在公交车站遇到一个挺逗的大妈，拉着我讲她青春年少时一个人带孩子的经历。老妈第二天早上七点突然打电话给我："喂，我跟你说，以后你别跟陌生人闲聊，把你骗走了怎么办？！"

## 🎧 02

我小时候玩过的跳棋里有一枚棋子做了特殊标记。

小时候我把所有的棋子撒在床上，把立着的挑出来，剩下的再撒，再挑，直到最后一个"一直没站起来"的就被淘汰！这样重复N次，最后几乎所有的棋子都被淘汰了，只剩下一个"常胜将军"，它从未倒下！于是我郑重地给它做了标记。

我也不知道我一共撒棋子撒了多少次。在我的记忆里，我总是在做这件极其无聊的事。我妈或者在做饭，或者在织毛衣，或者在鼓捣那个总是熄火的炉子……

她在老式录音机里给我录下365夜故事，我拿着那本全是字的故事书跟着录音机看，然后我妈突然发现我不到4岁的时候竟然认识了好多字。

小时候，我特别希望我妈能陪我玩，哪怕跟我玩一盘跳棋，做一会儿手工折纸，但是我妈总是说："妈妈要去忙，你先自己玩。"

**⫿03⫿**

心理学上说，人在成年后会复制童年的经历，或者推翻童年，走向另一个极端。

因为小时候母亲疏于陪伴，我格外重视对自己孩子的陪伴。只要一下班，我就把时间完完全全地留给孩子，周末也绝不谈工作。但是因为要上班，总免不了分离。

在孩子小的时候，因为害怕分离时过于纠缠，我总是趁她不注意时开溜。家里人都说，孩子哭几声没关系的，一哄就好了。但我总是担心她会因此失去安全感。

因为我一直对此事耿耿于怀，她长大一点后，我就有意无意地和她提起这件事，她竟然非常郑重地说："妈妈，以后你去上班，一定要告诉我。"

从那以后，每天上班前我一定郑重其事地跟她"打报告"。如果第二天要上早班，前一天晚上就跟她"备案"。

这样做的结果是，每天早上她都紧紧地拉着我的胳膊，或者早早地醒来。每天晚上我熬得灵肉分离，她也不睡觉，一会儿讲故事，一会儿玩玩具，一会儿趴在我身上，变着花样折腾。

有一天，我充满怨气地凶她："让你睡个觉怎么这么费劲呢？"她却平静地问我："明天我醒了，你是不是就去上班了？"原来，她熬着不睡觉，只是想跟我再多玩一会，她担心睡醒后我又会消失不见。

我终于明白，母亲对孩子的陪伴，永远永远都是不够的。

我常常尽可能耐心地陪孩子玩那些幼稚的"过家家"，因为我知道，等她长大后，也需要耐下性子才能听我把那些说了不知多少遍的车轱辘话说完。

我常常不厌其烦地给她解释那些没完没了的《十万个为什么》，因为我知道，等她成年后，也需要她教我了解那些新科技和"外星语"。

我珍惜和她一起吃的每一顿饭，因为等她长大后，我可能一个月甚至更久才能盼到和她一起吃饭。

每天上班前我会微笑着对她挥手直到房门关上，因为有朝一日我送她远行，也会希望她再多回头看我一眼。

母爱是一场轮回的辜负。

在孩子需要母亲的童年，母亲常常无暇陪伴。当母亲垂垂老去，儿女又成了每日的期盼。

母爱的时差让我们奔向了生活和事业的白昼，错过了本该紧紧相拥的夜晚。辜负与被辜负，分离与想念，在母子之间像更迭的四季一般，是永恒的轮回。不是我对你，就是你对我。

好在，现在轮到我。我愿意偶尔放下诗意和远方，暂且搁置琐碎的日常，给你，我的陪伴。

感谢当下！你，小得不谙世事，而我正当年；您老得像个小孩子，而我正当年。

# 全然关注的力量

最近月宝脾气很不好，每次我给她提出一些要求，或跟她说一些事情时，她总是非常烦躁地用"哎呀"两个字打断我。

刚开始我没有理会，但是后来这种情况越来越多，"哎呀！"这种粗鲁的语言已经快成了她的口头语，动不动就从嘴里蹦出来，我决定要管一管了。

但是，通常我们越想掰正孩子一些行为的时候，他在这方面的举动非但不会减少，反而会变本加厉。在我的纠正和明令禁止下，月宝不仅总是说"哎呀"，还慢慢多了一句"哼！我就要这样"。

有一天晚上，我哄月宝睡觉，我们俩一起依偎在床上，头顶着头，手拉着手，月色正浓，心情大好，甜腻有加，我觉得时机成熟了，就问月宝："最近，你总喜欢说'哎呀'，是为什么呢？你是想表达什么意思呢？"

她说："我是想表达：我知道了，不要再说了。"

"你不让我说，是因为你明白怎么做了，还是不想按照我说的去做？"

"是我明白怎么做了，妈妈，你以后说一遍就行了，不用重复很多遍。"

其实我自己也明白，有时候我们教育孩子完全是一种自我陶醉，比如她读书，某个字的拼音拼错了，我必须马上告诉她，纠正她，即使我知道她现在拼音不太熟，是不可能一下子拼会的，但是我还是想要马上说出来。

有时候，我们唠叨不过是为了缓解自己内心的焦虑和急躁。但是孩子也不傻，当我们的焦虑和急躁影响到他们的时候，他们也会用自己的方式为自己建立起防护网，把家长的过度干预抵挡在外。

这样看来，月宝的这句"哎呀"未必是攻击，而是自保。

于是我对她说："那以后妈妈说话只说一遍，如果你觉得你已经明白了，不需要我反复提醒了，就明确地告诉我：'妈妈，我知道了'，不要总用'哎呀''哼！'这种没礼貌的语言好吗？"

"嗯，好。"

那天晚上以后，不知道是我自己的唠叨少了，还是月宝变乖了，总之她再也没说过"哎呀""就不要""哼"那种话了。

## 02

对于我和月宝来说，每天临睡前的10分钟特别重要，有很多重要的沟通，都是在这10分钟里进行的。

前不久很多朋友问我，是怎么让月宝喜欢上钢琴的，其中重要的一个因素是睡前10分钟的谈话。

那时她对练琴产生了抵触，我就利用睡前的时间跟她说："你看每周三不管刮风下雪，我们都要去上课，克服了很多困难，如果你只上课，不练习的话，那我们的课就白上了，前面的努力就都白做了。"

她真的听进去了，早上一爬起来就要去练琴。

她有一段时间不吃蔬菜，我就利用睡前的时间跟她说："小朋友不吃蔬菜，容易上火，你看我最近公司的午饭里蔬菜特别少，我嗓子都说不出话了，所以你在幼儿园一定要多吃蔬菜，多喝水，好不好？"

结果，她一下幼儿园就告诉我吃了好多蔬菜。

睡前10分钟，为什么会有这样的功效呢？因为，在这段时间里我给予月宝的是"完全关注"，所谓"完全关注"就是在这段时间里，我们不仅仅有身体上的陪伴，也有精神上的沟通，在这段时间里，我们眼里和心里只有彼此，我们可以互动，可以沟通，在此刻，我们的心贴得非常紧密，所以很多体己的话都可以说出口，对对方的话也容易入心。

其实不一定是睡前10分钟，只要每天能找出10分钟，做到对孩子完全关注，效果也是一样的。

🎧 **03**

我有一个朋友就是每天利用接孩子下学的路上和孩子交流。

学校离家不远，他每天接了孩子两个人一起走路回家。一路上，他会问孩子这一天发生了什么好玩的事，学到了什么有趣的知识，趁机教孩子如何与老师相处，如何和同学们打交道，某一类知识怎么掌握。

他每天雷打不动地去学校接孩子，因为他觉得这一路上的时间，虽然不长，但特别珍贵，很多教育都是在这十几分钟里完成的。

如果连接孩子的时间都没有，那么利用吃完晚饭后的时间也是不错的。聊一聊孩子学校里的生活，关注下他的思想动态，而不是放下筷子就开始各找各的手机……

**04**

　　现在家长和孩子都比较忙，上班的上班，上学的上学，每天在一起的时间其实不是很多，而且回到家吃过饭，又开始各忙各的，家长忙于应酬或上网，孩子写作业，这样的话，即使我们和孩子天天见面，实际上却并没有有效的沟通和交流，这样的关注程度对孩子而言是远远不够的。

　　所以，如果想在快节奏的生活中和孩子建立比较亲密的亲子关系，能在孩子面前说得上话，能让孩子对你的话听得进去，就一定要保证每天有至少10分钟的时间，是对孩子完全关注的时间。

　　这些时间可以是在送孩子上学的路上，可以是每天吃饭的过程中，也可以是每天临睡前、晚饭后、散步的途中。

　　总之，让孩子每天能有机会在有限的时间内，享受到你全然的关注，这样，他的心就会向你全然敞开，心敞开了，一切问题就都迎刃而解了。

# 自己带孩子，是我做过的最正确的决定

🎧01

闺蜜是个工作狂，生完孩子3个月，她就回去上班了，当时因为背奶太麻烦，她只坚持了一个月就给孩子断了奶。

那时候我的孩子刚出生，她以过来人的身份提醒我说，一定要让孩子适当喝点配方奶，让她提前适应配方奶的味道，不然以后断奶就麻烦了。

可是每次抱着襁褓中的小婴儿，看着她一脸满足地吸吮着奶水，我都不忍心给她喝配方奶，明明奶水够，又有营养，为什么要给她喝配方奶呢？

为了让孩子喝上母乳，我在产假结束后也没有给她断奶，而是选择了辛苦的背奶生活。那时我每天要往返家两次，花在路上的时间近2个小时，非常耗费体力和精力，但是为了不长时间和孩子分离，我还是这样坚持了一年多。

每天下班后我就从老人家里接回孩子自己带，只要孩子在身边，我就会完全忘掉工作，把全部时间都留给孩子，于是很多事情不得不留到孩子睡着以后再做。

家里的老人常说，如果你工作忙不过来，就不要接孩子回去了，但是我铁了心要尽最大努力自己带孩子，因为我不想错过她任何一个成长的瞬间。

## 02

自己带孩子，当然并不完全是享受和孩子温馨甜蜜的时光，而是下班后拖着疲乏的身体，回到家还要面对孩子的各种大事小事，烦琐得让人没有片刻喘息时间，所以难免有一些瞬间，我会很羡慕闺蜜。

她的孩子完全交由老人带，连晚上也放在老人家里，所以她可以轻松地出差，旅游，一边赚钱养家，一边貌美如花，因为一直把精力放在工作上，职场上自然也就风生水起。

她经常对我说："你这样不行的，一心扑在孩子身上，只会把自己熬成黄脸婆，到时候，连孩子都看不起你。"

可是没想到，最先遭到打击的是她。有一次闺蜜的公司组织去香港玩，她想带3岁的孩子一起去，但是没想到，孩子根本不跟她去，说是不愿离开奶奶。

她这才发现，孩子跟奶奶比跟自己亲多了，有了好吃的东西，孩子第一个给奶奶，有了高兴的事情，孩子第一个告诉奶奶，有一天晚上，闺蜜把孩子接回家睡觉，没想到大半夜孩子居然哭着找奶奶。

除了亲情上的疏离，她还发现自己一点也不了解女儿。她给孩子买的玩具女儿连看也不看，幼儿园老师问她女儿平时穿多大的鞋子，她也说不出来。她带女儿去学舞蹈，女儿哭丧着脸，就像受了天大的委屈。

"不是说，不管谁带孩子，孩子都是跟妈最亲吗？"闺蜜一脸沮丧地来问我，有没有类似的情况。

我说："怎么可能呢！"

孩子从小就没有离开过我，我当然知道她穿多大号的衣服，吃什么东西过敏，有什么兴趣爱好，孩子遇到困难的时候也会第一个向我求助。

记得有一天晚上孩子睡着了，我去洗澡，洗到一半孩子醒了，可能是做了噩梦，大哭不已。孩子爸爸又是拍又是抱，怎么哄都哄不好，我急急忙忙地擦干身上的水跑到孩子身边，她眼睛都没睁一下，只是摸到了我的手，就马上安静下来，踏实地睡着了。

那一刻，我十分感动，我用了三年心力交瘁的时光把孩子培养成了和我最亲近、最信赖我的人，所有的辛苦，都值了！

🎧 03

都说孩子长大的过程，是妈妈看着她的背影一步一步远去的过程，但是随着孩子长大，我不但没有发现她渐行渐远，反而觉得我和她的关系越来越紧密。

她虽然慢慢变得独立，但是遇到问题还是第一个来问我；她虽然慢慢变得坚强勇敢，但还是经常在我面前显露出她小小的困惑和不安；在我面前，她没有秘密，我们母女无话不谈。

现在我把一部分精力转移到了工作上，女儿也快上小学了，我们有各自独立的生活，但亲密感依旧。

我想，不管孩子长到多大，不管孩子走得多远，我都会是她身后最稳固的依靠，让她像3岁的噩梦中那样，只要触碰到我，就能马上找到安全感。

自己带孩子，是我做过的最正确的决定！

虽然常常感到筋疲力尽，虽然克服过种种困难，虽然放弃过很多，但是我却收获了一个贴心的孩子，一个健康、阳光的孩子，还有一段美好的亲密的亲子关系。

任何人都不能替代母亲的角色，任何爱都填补不了母亲的空白。所以，面对无比后悔的闺蜜，我只想对她说，把孩子带在身边吧，不管要经历怎样艰难的过程，你都该用母亲的陪伴补回来。

趁孩子还小，一切都来得及！

# 真正的陪伴，是为了有一天能放手

🎧 01

周末带月宝到淘气堡玩，遇到了一个3岁左右的孩子，给我印象比较深的是，别的孩子都是自己玩，只有他，身后跟着一队家长——妈妈、姥姥和姥爷。

想象一下皇帝的出巡队伍，你就会了解那场景，一个人在前面气宇轩昂地走，后面一行人拎着包、打着伞、弯着腰、亦步亦趋地跟着，如果不小心和他们迎面撞见，会让人本能地退到一边，让出一条道。

后来我才明白，这个孩子为什么会有这么多人跟着——他简直是一个小惹祸精！

他先是跑到积木区，把别的小朋友刚刚搭好的积木一脚踢倒，然后跑到秋千旁，拽着秋千让别的小朋友荡不了。一会儿跑到决明子区，抓了一把决明子就往滑梯上撒，一会儿抓别人的衣服，一会儿拍别人的脑袋。别说是3个大人，就算是10个大人跟着，也不足为怪。

后来家长们终于稳住了他，隔离出一小块区域让他恣意玩耍，但是没两分钟，大呼小叫又开始了：

"帅帅，来，玩这个！你爬上去，姥姥扶着你！"

"帅帅，别拽那个绳子，摔掉你的牙！"

"帅帅，给你这个球，这球好玩！"

"别跑了，快回来！"

……

这一个家庭鼓捣出来的动静比整个淘气堡的动静都大，后来帅帅不知怎么就急了，对着姥爷又踢又打，非要往淘气堡上爬，而姥爷就死死拽着他的衣服，说什么也不让他上去。

刚才还让人有些讨厌的"熊孩子"忽然又让人生出一丝同情来，在家长如此密不透风地监管下，这孩子能玩得痛快吗？

他玩不痛快可不就是想通过惹祸、打人等途径来发泄心中的压抑嘛！

◖02◗

想起上次在餐厅遇到的一对母女，女孩大概5岁，在吃饭的过程中，她的妈妈一直不停地对她说："先吃比萨吧，一会凉了……别吃沙拉了，太咸……擦擦手，赶紧擦擦手，一会儿摸得衣服上都是油了……哎呀！烫你嘴！你吹吹再喝……"

我暗自佩服这个小女孩，心理素质真够好的，别说是她本人，坐在旁边的我听着都烦，就不能让孩子安安静静地吃顿饭吗？

经常有家长们集体抱怨陪孩子写作业有多痛苦，其实如果孩子可以发声，他们一定怨气更重，被家长看着写作业更烦好吗！

好好写个作业，身边非有一双眼睛盯着，走神不行，咬笔不行，挖鼻孔也不行，数算错了不行，字写歪了不行，去厕所也不行。

整个写作业的过程变成了一场家长和孩子的拉锯战，双方都想在这件事上获得主导权，孩子想边玩边写，家长想让她规规矩矩地写，但是家长越让他规规矩矩地写，孩子就越想玩。最后结果只能是两败俱伤。

🎧 03

曾经有一个孩子讲述过他钓鱼的经历，本来他非常喜欢钓鱼，但是有一次他钓鱼时遇到了一个钓鱼高手，这位身经百战的老爷爷为了帮他多钓几条鱼，就不停地在旁边指导他："钓竿高一点，再高一点……停下，不要动……马上起竿……快起竿！……哎呀，这样不行的……来，我抓着你的手……"

这个孩子最后把钓竿一扔，说："我一点也不想钓鱼了！"

你可能无法理解，你的热情也许会浇灭别人的热情，你的好意也许会让别人很失意，你尽心尽力的指导在比别人看来有可能不过是无休无止的打扰。

🎧 04

都说孩子需要陪伴，但是有一种陪伴叫作"过度陪伴"，即在陪伴孩子的过程中，过多地干涉孩子的决定，植入自己的观念，让孩子无法拥有独立的意识，无法做出自己的选择，也无法有效地获得成长的经验。

过度陪伴一般会造成两种后果：

一、孩子过于依赖父母

习惯了父母不停地在身边给予指导的孩子，离开了父母就会不知所措。

我们经常看到沙坑边那些玩沙子的孩子，有的孩子鞋里进了沙子，会脱下来把沙子倒掉，但有的孩子第一时间会去找她的父母帮忙。久而久之我们会觉得后者独立性太差，但那还不是家长在教育孩子的过程中凡事都亲力亲为造成的！

还有一些孩子会接收到一些暗示，觉得父母在的时候，就需要做某些事，不在，就不需要做。比如写作业，习惯了有父母陪同写作业的孩子，父母一走开，他会马上扔掉作业本，因为他会默认为，父母在旁边看着才需要写作业。

### 二、孩子戾气很重

如果孩子的自由意识比较强，他在面对家长不停地指导时会奋起反抗。家长越让他往西，他就越往东，家长越不让他做什么，他偏要试试看。这就如同前面提到的那个淘气堡中的孩子，他不停地挑战家长的权威，去做一些"越轨"的事，用这些调皮捣蛋的事来寻找自己的存在感。

所以，有的孩子表面上过得像个皇帝，其实活得像个奴隶。

**05**

陪伴太少让孩子感觉不到爱，陪伴过多又让孩子失去了自由，到底什么样的陪伴才恰到好处？

我认为，好的陪伴需要做到三点：

### 一、在场，但不干涉

在场当然不是指在孩子旁边玩手机，而是让孩子感觉你是和他一起在做一件事，或者同时、同地地在经历一件事。

比如，孩子在玩滑梯时，我们总想玩会儿手机，或者和别人聊天，但是孩子总会大叫："妈妈，你看我！"

你看她摆个花样滑下来，然后夸声"好棒！"她就很满意，因为，你关注了她，看到了她，她才会感觉你和她在一起。但是如果加入了你的观念，例如告诉她不要头朝下滑下来，不要弄脏了裙子，不要从滑梯底下爬上去……这些都是在干涉。

所以，你可以关注他在做什么，但请不要掺杂进自己的观念。我们都想把自己的经验告诉孩子，我们把它叫作爱！但是，那不是爱，是干涉，是剥夺孩子自由体验的枷锁。

二、放弃自己的身份，让自己成为孩子的同龄人

陪孩子玩儿，不是忍着自己的无聊，虚情假意地和他一起"过家家"，也不是端着家长的架子对他指手画脚。没人喜欢一个心不在焉的演技派，也没人喜欢一个一本正经的大人。把自己当成孩子的同龄人，以他的视角看问题，才可以看到他的内心。

写作业的确有一点无聊，算这么多数学题的确很麻烦，背了好几遍还没背下来，真的很挫败；老师批评我了，让我很难堪（鬼才相信他是为我好！）同学欺负我了，我很生气，恨不得把他拧碎（别跟我说什么团结友爱）。

如果你是他这个年龄，你不爱听的话他也不爱听，你会有的情绪他也会有。为什么不可以？！当你理解了孩子，自然就知道该怎样和他说话了！

### 三、陪伴，但以放手为目的

还记得教孩子走路吗？开始是托着他走，架着他走，拉着他走，但是每走一步，我们都会尝试着放手。陪他走，是为了让他以后能独立走。

同样，现在的陪伴是为了以后能放手，为的是他可以独立于世。可是我们常常在做相反的事，本来孩子要自己走，我们却不停地指导、控制、说教、唠叨……直到他像那个钓鱼的孩子一样，扔掉鱼竿，不想再继续。

所以，在陪伴过程中，我们要经常检查自己的行为，检查我们的陪伴方式是会延续这种陪伴模式，还是在帮孩子拓展某种能力，引导他独立。

陪伴孩子就像烹饪，火小一点，不熟，火大一点，煳了。掌握好陪伴的火候，是每个家长必备的技能。

# 第二章

## 真正的爱，是读懂孩子的心

真正的爱，不是倾尽所有给孩子，

而是读懂孩子的内心，

照顾他的情绪，理解他的需求，点燃他的梦想。

# 聪明的父母，都装傻

🎧 01

周六我有事出门，把月宝放在了姥姥家一天，回来后我发现，她会默写拼音了，连加减法也会算了，还会了好几个成语。在我看来，只能用"神奇"二字来形容。

我以前也教过她这些，单是二十以内的减法就让人头疼，每次都是掰手指，每次都分不清加减号，有时候纠正她两句，她干脆就把笔一扔，不做了！

这次，我把月宝交给我妈才一天，她就什么都会了，真是令人吃惊！

我问我妈是怎么教的，她笑称是我底子打得好，她不过是站在球网门口，临门一脚进了球。于是我便暗中观察，这"临门一脚"是怎么踢的。结果发现，这临门一脚的学问还真不小。

用学拼音来举例子，我教月宝的画风是这样的：

"你看这些都是声母，这些是韵母，声母加韵母再加上音调，就可以拼出汉字。"月宝试着去拼，当然拼不好，但是我很有耐心啊！我不停地告诉她："声母错了，不是b，是p，不是二声，是三声……三声要拐弯，拐弯的才是三声……"

我不厌其烦，月宝却不领情，一会儿坐到我腿上撒娇，一会闹着要喝水，我就搬出慈母的慈爱来教育她："你看，这是你的作业，妈妈只是在帮你完成，我都还没嫌累，你怎么能嫌累呢？"

　　她重新坐在书桌前，但到不了两分钟，必然"腾"地站起来跑到客厅里去，留下我一个人坐在台灯下干瞪眼。

　　我妈教月宝的画风就完全不一样了。她一开始就告诉月宝："姥姥小时候没你这么好的学习条件，拼音也没学过，不如你教教姥姥吧！"

　　月宝便搬把小椅子坐在姥姥对面，一本正经地当起老师来："小椅子h，拐棍l，两个门洞mmm……"

　　声母加韵母拼读的时候，自然还是会出错。但是月宝错，我妈便将错就错，甚至错得比她还离谱，月宝自然会发现不合理之处，于是大笑不已，帮着姥姥改正，一来二去，她竟然"先"会了。若是实在不会，她会迅速地"悄悄"地跑过来问我，问完后，又一副胸有成竹的样子回去"教"姥姥。

　　我妈好歹也是高中毕业，还做了多年老师，这些拼音她真的不会吗？自然不是！原来，我妈比我教得好，是因为她擅于装傻！

🎧02

　　装傻为什么能有这么神奇的效果呢？

　　换位思考一下，我教孩子的时候，一副十拿九稳、什么都会的姿态，对她说话便是居高临下的，而我妈教孩子，先是把自己的姿态放得很低，低到和孩子平起平坐，这样就更贴近孩子的内心，让孩子从心理上易于接受。

　　好的教育都是潜移默化的，潜移默化的前提便是双方心理距离不能太远。从教孩子学习这件事来看，我妈更像是教育，而我更像是教训。

装傻的第二个神奇效果就是能唤醒孩子的内驱力。

我清楚地记得高中时有一位数学老师，他上习题课的时候，从来不备课，每次上课都是和我们同时拿到题目，然后一起做。

我们读题的时候，他也是第一次看题，我们一头雾水的时候，他思路也不是很清晰，于是他会和我们一起找关键词、提炼信息，理思路，然后求解。

习题课上，他经常会"挂"在黑板面前，不知道怎么讲下去，然后这位同学支个招，那位同学提个醒，大家集思广益，最后把题目解答出来。

像他这样不备课的老师是不是很不合格呢？

从成绩上看，他教的两个班，一直都名列年级前茅，而且他本人还是学校里的教学能手，多难的题目送到他手里，分分钟就能给你思路。所以，现在想来，他挂在黑板前并非真的不会，而是演技高超的"装傻"。

但是这位演技派老师不但没有让学生们瞧不起，反而让大家非常喜欢，大家私底下叫他辉哥，每次他一进教室，就被大家拉到座位上解决问题，大家和他一起研究题目的时候肩并着肩、头碰着头，感觉就像是朋友，是兄长，他要是算错了，大家还要嘲笑他几句。

正是因为他"牛"，我们为了显得比他更"牛"，就拼命调动自己的智慧，争取能在他解题的时候插上一嘴。一来二去，我们的数学知识体系就搭建得非常牢固了。

美国教育心理学家布鲁纳曾经说过："满足社会需求愿望的外来动机作用短暂，而内在动机才能起到长效作用。学习的好奇心、胜任感、互助欲是学习的三种基本内在动机。"这种内在动机，就是内驱力。简言之，内驱力是一种大脑中的内部唤醒状态或紧张状态，是推动有机体行动来满足某种需要的内部动机。

这种需要如果仅仅是为了完成老师布置的作业，完成家长的期望，就会过于肤浅，不足以唤醒孩子的积极主动性；但是如果能让他们参与竞争，获得胜任感，让他们觉得自己能够帮助别人，内驱力就会被唤醒。

**( 03 )**

你什么时候会发现孩子特别聪明？

楼下有小伙伴叫孩子一起玩，但你要求孩子必须写完作业再去，这时你就会发现孩子写得又快又好。节日聚餐，孩子和表姐妹比着背诗，一人一首特来劲，你心想平时让她背个诗哼哼唧唧断断续续的，今天怎么这么出色？

还有些孩子一沾学习就让家长头疼，但一聊起游戏来却头头是道。

我们总是说，孩子一点也不傻，就是心思不用在正事上。其实，是因为那些"正事"没有唤醒孩子的内驱力。

如果我们能唤醒孩子的好奇心、胜任感、互助欲这三种内在动机，就可以让他们对学习感兴趣，变得积极主动，而且勇于克服困难。

如果你帮他复习功课时，摒弃凡事了然于胸的姿态，采用"讨教"的方式，让他给你讲，他就会感到自己很了不起，从而激发出自己最大的潜能，这时你会发现，就算是他不会的题目，他也会努力去解决。

比如，孩子数学不好，可以带他去买东西，让他帮你算账，在生活中不停地满足他的成就感，他学习相应的知识时就会充满积极性。

所以，当下次孩子做作业不专心、总出错时，千万别跟他着急，别忘了，聪明的父母都会适当装傻。

# 原来孩子如此爱妈妈，你还舍得辜负他吗

🎧01

讲一个真实的故事。一个年轻妈妈带3岁的女儿去街上买东西，回家途中在一个清僻的地方遇到了劫匪，劫匪把明晃晃的水果刀攥在手里，让她把值钱的东西通通掏出来。

年轻妈妈双手颤抖，将手机、钱包一件件放在劫匪手里，然后她紧紧地拉着女儿的手，告诉劫匪她已经什么都没有了。

劫匪的尖刀指向女人的脖子，示意她还有一根金项链。这是她结婚时的定情物，女人有一丝犹豫，她护住脖子，紧张得几乎要哭出来。

也许是妈妈的手在发抖，也许是妈妈的手掌冰凉，也许是感觉到妈妈心里的恐惧，3岁的女儿"哇"地哭了，但是她突然抢到劫匪面前，用力地打了他一下："你不许欺负我妈妈！"女人一怔，忽然不知哪里来了勇气，抱起孩子拼命地跑……

我的同事小菲每次讲起这段往事，满满的都是后怕，幸亏那个劫匪不够狠，幸亏他没有伤害孩子……而我却惊叹，孩子在那一刻眼里只有妈妈，而妈妈却忘了顾及孩子的安危。那条金项链，确实让她迟疑了。

《02》

这让我想起给月宝讲过的那个绘本故事，《发现最棒的自己》系列里面讲到一只小熊，它被猎人掳走，关在笼子里，受尽坏男孩的欺负却不敢反抗。直到有一天妈妈来救它，它看到猎人用猎枪对准了妈妈，在妈妈生死攸关的时刻，小熊的天性终于被唤醒，它一怒之下冲破笼子，奋不顾身地救了妈妈。

孩子不顾一切地救妈妈，是出于本能，更因为妈妈是他的全部。

当你刚刚经历产痛，为产后的各种难受叫苦不迭时，他哭闹着到处找你，直到衔住乳头的那一刻才安静地睡去；当你熬不住月子里的寂寞，出去透风时，他大哭，并一直焦躁不安直到你回家后抱过他，他才安静下来；当你把他送去幼儿园，庆祝自己终于回归自由，他却抹着眼泪在幼儿园想了你一整天。

有时候，他那么坚强，摔倒了也不哭，打完针甚至还安慰你说："一点儿也不疼。"但是看到你掉眼泪，他却难过地陪着你泪如泉涌；下班后，你会把满心怨气发泄到孩子身上，对他不耐烦地大喊大叫。而他却对幼儿园里受的委屈只字不提，只迫不及待地告诉你老师又表扬了他；忙完了家务，你想着终于可以刷刷微信朋友圈了，而他却欢呼：妈妈终于可以陪我玩了！

有时候，他误伤了你，你推开他骂着："你能不能老实会儿！"有时候，你误伤了他，他却不怪你，而是第一时间扑进你怀里，紧紧地抱住你！

我们口口声声的说爱孩子，可是和孩子相比，我们爱得那么不够！

当婆婆用不恰当的方式对孩子时，我们为了维系婆媳关系，选择了视而不见；当朋友或邻居用语言暴力戏弄孩子时，我们为了面子，选择了微笑沉默；当我们和陌生的路人发生口角，我们逞一时之快与对方大打出手，却不顾怀里的孩子惊恐地睁大眼睛；当我们为了工作远走他乡时，我们把他们丢给故乡的老人，而不是排除万难把孩子带在身边；当我们选择"爱自己"，离开糟糕的婚姻时，还口口声声说"吵一辈子对孩子伤害更大"，孩子心里却只有一句话："妈妈，我听话，你不要离开我！"

我们总是有那么多无奈、辛酸、情非得已。而孩子却那么坚定地爱着妈妈，毫无条件。

🎧 03

我有一个朋友，以"管得住"孩子为荣。她说孩子曾经因为一件小事大哭不止，她选择置之不理，即使孩子哭得变了声，她也不会妥协。而从那以后，孩子再也不跟她哭了。

她说这些话的时候，月宝在我的怀里撒欢打滚，而她的孩子在一旁默默地玩玩具，即使她偶尔过去和孩子说话，母女俩也显得异常客套。

我不禁心疼，母女关系血浓于水，这孩子是经历了多少失望、心碎，才发展到与母亲如此相敬如宾的地步。

我从来没有打过我的月宝，也从来没有对她吼过，教育孩子有很多种方式，我觉得严厉一定不是最好的方式，"怕妈妈"一定是最坏的结果。

"宝贝我爱你！"我经常搂着喝奶的月宝发神经一样地说，然后又问她："你爱妈妈吗？"她抱着奶瓶毫不犹豫地点点头，一会喝完了，又补充一句："爱！"

我们每天都在类似这样甜腻的桥段中相拥睡去。我觉得这才是母子关系正确地打开方式。

有一天晚上，我凝视着她，默默地想：如果当初不是和你爸爸结婚，如果我们晚一点儿要孩子，我的孩子还是你吗？你是我身体的分支还是一个独立的灵魂？你到底是谁？那时月宝已经快睡着，却突然睁开眼睛看着我说："我是XXX（她的大名）。"

我相信我们有心灵感应。我相信成为你的妈妈不是偶然！我相信我们的灵魂有几生几世的牵缠才让我们有幸成为母女！

我相信你不仅仅是需要我才如此爱我！我相信在你的生命中，我无可取代！所以我怎么能允许自己不为你一生守望呢！

月宝睡着了，我紧紧地依偎着她。

亲爱的宝贝，也许你长大后会遇到很多挫折，也许你会受到很多伤害，但我发誓，你所有的伤心、失望、恐惧和忧伤都不会来自我。而且，无论你长到多大，无论你遇到什么，只要你需要妈妈。妈妈都在！

# 没有不专注的孩子，只有无趣的事

**((01))**

有个妈妈在群里抱怨，说自己刚刚被请到了学校，因为她上二年级的孩子被班主任"确诊"为多动症，建议治疗。

她在群里大吐苦水，说自己孩子就是坐不住，老师上课的时候，他不是趴下睡觉，就是盯着窗外或者企图和别的同学说话，要是教室外有什么动静，他总是第一个被吸引，老师叫他回答问题，他总是一脸茫然。

她刚说完，马上就有几个妈妈应和，说自己的孩子也是那样的情况，在家里写作业也是边写边玩，一点都不专注。

还有一个妈妈说，自己孩子以前也是这种情况，她想尽了办法都没有用，最后带孩子去做了经颅磁刺激仪治疗，现在孩子上课注意力能集中20分钟了。

于是，很多妈妈表示也要带孩子去尝试一下，她们像看到曙光一样兴奋，我却觉得很不安。

我特意去查了一下，经颅磁刺激仪治疗主要是通过设备对大脑的频率刺激而达到兴奋或抑制局部大脑皮质的目的，主要应用在神经心理科（抑郁症、精分症）、康复科、儿科（脑瘫等）各个领域。

现在的妈妈胆子真大，什么都敢尝试啊！

**(02)**

当这些妈妈正在为孩子的专注力问题煞费苦心时，讨伐游戏王者荣耀的文章正大肆地在网上流传。

孩子们有多沉迷王者荣耀呢？

下课十分钟，上个厕所要玩王者荣耀；

放学回到家，一进门扔下书包就玩王者荣耀；

因为玩王者荣耀，三个月花掉父母三万元积蓄买角色和皮肤；

手机被家长没收，一气之下从四楼跳下，双腿骨折……

有一个朋友对我说，她儿子小学五年级，玩起王者荣耀来可以不吃不喝不睡觉。周末她见儿子七点起床打游戏，就给儿子准备好早餐上班去了，中午回来，早餐没动，儿子也没动，估计连厕所都没顾上去。

我挺想知道，这孩子有没有通过经颅磁刺激仪训练过专注力呢？

**(03)**

前不久有平台邀我写一篇关于提升孩子专注力的文章，我说我写不了。

尽管有很多科学论断，说孩子的专注力是随着他们的年龄增长而逐渐延长的。我不否认这种论断的科学性，但是我始终觉得，决定孩子专注力强弱的不是他们的生理脑神经，而是事情本身的趣味性。

都说婴儿集中注意力的时间不超过15秒，但是搞笑段子里婴儿看着猫追自己的尾巴足足笑了有3分钟。

都说5岁的孩子能集中注意力15分钟，我看课外班里幼儿园大班的孩子上了没2分钟就开始左顾右盼。

别说是孩子，大人也是如此。那种冗长无聊的会议上，谁没有偷偷在底下玩过手机？总有一些发言者不得不靠"敲黑板"和"大嗓门"来引起观众的注意，为什么？还不是因为讲得无趣。

我记得大学时去蹭过一节国学教授的课，他讲古文讲得太有意思了，我蹭到12点下课后还意犹未尽，一兴奋就把中午和男朋友约会的事情忘了。再好的专注力，连续几个小时也是难以持续的，而吸引我注意力，让我忘掉其他事的原因，仅仅是这课实在太有趣了。

04

可能有家长会说，那能怎么办？如果老师讲得无趣，或者孩子对知识不感兴趣，孩子就不该认真听讲了吗？就理所应当上课走神了吗？

对啊！人的本性是驱动着自己去做喜欢做的事，就像饿了会想到吃饭，渴了会找水喝一样自然，如果一定有什么"应该"发生的事，如果一个孩子必须要遵从什么规律的话，应该是自然规律，而不是社会规律。

和一个孩子谈论学习的责任，未来的生计，这是家长的焦虑，却不是孩子的关注点。孩子只关心当下好不好玩，快不快乐，如果孩子像蚊子嗜血一样迷恋上电子游戏，只能说明他们大多数游戏以外的时间是被压抑的，是不快乐的，对于孩子心理的把握，游戏开发商要比父母做得更好。

**05**

生活中，家长总是喜欢扼杀掉孩子的快乐。

"孩子太贪玩，我该怎么办？"

"我的孩子总看闲书，我该怎么办？"

我每天都能收到大量这样的询问。可是，贪玩不正是孩子的天性吗？你希望他除了吃饭睡觉就捧着教科书？希望他每天以光宗耀祖为己任？还是希望他小小年纪就开始为未来的人生做打算？

家长们一方面抵制孩子们的快乐，一方面还要通过各种培训甚至医疗手段让孩子专注于他们希望孩子专注的地方上，这是何等恐怖的事情？！

有个朋友前几天说，她五年级的儿子玩王者荣耀打到了全区第三，他跟妈妈商量："如果我打到全区第一，能不能给我买本编程书？我想自己写个游戏出来。"

五年级的孩子，在没有受过任何相关教育的情况下自己研究编程，这不是天才是什么？但是他妈妈没有一天停止过对他的成绩的担心，不停地在给他报课外班，唯一的希望是他能考上高中。

我在想，如果妈妈没收了他的手机，撕掉了他的编程书，逼着他考上了一所不错的大学，找到了份稳定的工作，他会感激母亲煞费苦心的培养吗？

**06**

我微信的签名是"玩，才是人生大事"。有人就问我："你真的那样认为吗？"

　　为什么不是？读书和玩从来都不是互相冲突的事，读书有时候确实需要毅力，但是学生也不是苦行僧，每天都需要头悬梁、锥刺股，才能有好成绩。

　　信息爆炸时代，技能俯仰皆是，怕只怕孩子小小年纪就被扼杀了学习的乐趣，谈读书而色变，所以那些孩子才会一头扎进游戏世界里，为自己争取片刻的酣畅淋漓。

　　月宝小时候从来没玩过手机，但是最近她开始在iPad上玩"找不同"，我当然不同意，太费眼了。

　　但是，限制是没有用的，只要孩子保持着和这个世界的连接，保持着和社会交流的通透性，她就不可能不接触各种各样的信息。

　　不过，好在我是个贪玩的妈妈，我常常会和她一起玩，一起争分夺秒地在两幅画面中找不同之处，为过关而喜悦，为不过关而失落，我们就像两个同龄的孩子一样头顶着头，尖叫或恼火。

　　然后过了一会儿，我会说眼睛好疼，要去休息一下，或者会提出去玩会儿别的，她多半会跟我走，就像两个好朋友，一个游戏玩腻了，去玩另一个。两个人永远是一起的。

　　和孩子一起玩真的挺累的，晚上躺在床上经常她还没睡着我就先睡着了，但是，除了千方百计，变着花样地让她发现世界上除了电子游戏还有很多好玩的事，还有别的办法不让她沉迷电子游戏吗？

　　和孩子一起玩，你才能知道他的兴趣点在哪里，同时也能潜移默化地教会他如何控制游戏时间，做到一直很喜欢，又不沉迷。毕竟未来的诱惑那么多，让孩子学会控制自己是多么重要的教育！

# 孩子最磨人的时候，其实是他最想要抱抱的时候

周末带月宝去动物园。动物园门口，一个孩子非要让妈妈抱着走，被拒绝了以后，说什么也不走了，非要在草地上坐一会，妈妈以地上太脏为由不让他坐，他就站在原地大哭起来。

好说歹说都没有用，爸爸一激动，扬手就给了孩子一巴掌。孩子哭得更凶了，又是跺脚又是打滚，爸爸把他从地上拉起来，照着屁股又是两下。

妈妈站在旁边，不动声色地看着，表情、状态好似都在给爸爸竖大拇指。但是，孩子完全没有收敛的意思，哭得更加撕心裂肺了。我们走得很远了，还能听到孩子的哭声。

"妈妈，"月宝问我，"那小弟弟怎么了？"

"可能是累了吧。"

我当然也可以告诉月宝，这个小弟弟不听话，所以挨了打，借这个事件以儆效尤，但是我还是没有告诉她真相。

孩子哭，一般不是不听话，而是累了、困了、饿了、无聊了。即使是在动物园这么有趣的地方，但是动物园门口这条狭长、人群熙攘、没有什么动物的小路也足以让孩子耐心耗尽，疲惫不堪。所以哭一哭，也不足为奇。

但是孩子哭，是大人特别接受不了的事。"我辛辛苦苦带你出来玩，你还这么不听话！"这是家长心底经常有的声音。

所以，每次到儿童游玩的景点时，哭声总是此起彼伏、不绝于耳。与此同时，一定会伴随着大人的吼叫、批评和打骂。

**◖02◗**

总是有朋友对我说，我的孩子特别爱哭，动不动就哭，怎么哄都哄不好。有人给她支招说：孩子哭，你把他打服了他就不哭了。但是她又觉得这种方法不太奏效，就来问我。

其实不必问我，请你想一想，如果你伤心哭泣的时候，有人上来给你一巴掌，让你不要哭了，你是什么感受？

也许迫于对方压力，你真的会停止哭泣，但是你内心的痛楚是得到了缓解还是加深了呢？

其实孩子也一样，他哭自然是有其原因的，如果强迫他停止哭泣，不但不会消除他的负面情绪，反而会使这种情绪积压到心里。当你企图制止孩子哭泣的时候，你并不是在消除孩子的负面情绪，你想要消除的，其实是你自己的焦虑。

**◖03◗**

记得月宝几个月的时候，我带她去打针，去医院的路上，我紧张得像一只仓鼠，比我自己打针还害怕。

到了注射室，我把月宝往她爸爸手里一塞，就躲到另一个房间里去了，医院里非常嘈杂，但我还是能清楚地听到月宝的哭声和我的心跳声。

月宝出来后，我连忙抱过梨花带雨的她，千方百计地哄，我给她看墙上的卡通壁纸，带她看楼下的滑梯，月宝爸还往她嘴里塞了一块准备好的磨牙饼干……

这时候，一个奶奶抱着大哭不已的小孙子从注射室出来，与手忙脚乱、无计可施的我们形成明显对比的是，这个奶奶脸上挂满了笑容，一边轻轻地拍着自己的小孙子，一边说："哎哟，可气坏我们了，平白无故地扎了我们一下。"

小孙子越哭，她越笑，她看着孩子，就像看到他第一次把大脚趾放进嘴里，看到他第一次在地上爬来爬去，看到他把玩具玩出新花样，看到他开心的大笑一样。

这位奶奶慈爱地看着小孙子，直到孩子渐渐地停止了哭泣。

我突然意识到，原来孩子哭并不是什么可怕的事，这只是他一种正常的情绪表达，是和笑同等地位的正常应激反应。而我们不停地制止孩子哭泣，只是因为哭给我们带来了压力，让我们觉得无助、焦躁，所以我们迫切需要结束这种局面。

🎧04

当你特别爱一个人的时候，你会特别想为他解决问题，包括让他开心，让他满意，尽己所能给他所有他想要的，回不回报都没关系，只要他快乐！

这也就是为什么，我们常常觉得自己那么爱孩子，却总是无意中伤害到他；这就是为什么，孩子一哭，你就想揍他。

因为你希望孩子快乐，每时每刻都快乐，这样你才有成就感。但是当他不快乐时，你就会觉得自己特别挫败。

可是孩子不可能一直都开心，总会有负面情绪的时候，当我们拒绝孩子哭泣的时候，相当于把他表达负面情绪的通道堵住了。

我们都在提倡培养高情商，高情商最重要的表现之一就是能与自己的负面情绪相处。其实每个孩子刚生下来的时候，都是具备这种能力的，当他们感到不舒服，没有安全感，需要别人帮助，或者伤心难过的时候，他们就会哭。但是如果外界不允许他们发泄，比如在父母的管制下，在环境的压力下，在负面情绪不被接纳的情况下，他们就会慢慢学会收敛自己的负面情绪，把它们深深地埋在自己心里，就像垃圾一样越堆越多。

一个孩子，如果从小就习惯压抑着负面情绪，长大后，他的社会关系一定会出现各种各样的问题。比如，过分自卑，不敢表达自己的真实想法。比如讨好型性格，生怕和别人的关系破裂。再如脾气暴躁，控制不住自己与亲人撒气。或者是推卸责任，遇到问题第一反应就是把责任推到别人身上去。这都是因为他们不敢面对自己的负面情绪。

🎧 05

所以，孩子哭泣并不可怕，可怕的是你企图制止他哭泣。尤其是孩子哭的时候，选择威胁、恐吓甚至打他的家长，等待孩子的一定是难以抚平的心理创伤，等待这个家庭的一定是糟糕的亲子关系。

所以，千万不要在孩子悲伤的时候拿出你的威严，那只能证明你不会处理自己的情绪，也在逼迫孩子压抑自己的悲伤和苦闷。相反，孩子的每一次哭泣都是一个非常好的契机，有助于在理解和关怀的基础上建立牢固的亲子关系。

下一次孩子哭泣的时候，试着静静地抱着他，问问他发生了什么，他有什么样的感觉，伤心、害怕、恼火还是别的什么？等待他的负面情绪像水一样流走，这个过程，也是你自我修炼的好机会。

# 孩子表现越糟糕，越要表扬他

**((01))**

上周老师留了作业，让回家练钢琴曲，然后拍视频发到群里。

说实话，那四个小节有些难，又是新的曲式，对孩子来讲完全陌生，需要多练习几次才可以。可是月宝一副成竹在胸的样子，连声说会了会了，妈妈你录像吧。

我录了十几次，她每次都弹得漏洞百出。

我教她，她不听，我纠正她，她一脸不耐烦。最后我也急了——今天晚上这几段弹不好，你什么也别干了！

月宝红了眼睛，委屈地看着琴键。我的脑海里涌现出那些流着眼泪被父母逼迫着学艺术的孩子的故事。我从来不希望她那样，如果艺术不能让她感受到爱和美，那么技巧再高超又有什么意义？

但是，当时火已经拱到了嗓子眼，我没办法心平气和地看着她练习，就对她说："你先自己练吧！十分钟后，我再过来录像，录成什么样就是什么样了。"

我离开书房，心想今天怎么火这么大？

也许是这几天忙得浑浑噩噩的，每天睡眠不过6个小时，实在是太累了。

而且明天老师就让交视频，时间很紧迫，我又很希望她弹得尽善尽美，希望她速成，录完视频，赶紧睡觉。

但是，孩子刚接触这段新曲子，怎么可能拿来就弹好呢？

暂时抽离自己之后，我心态平和了许多，于是回到书房。月宝还在认真练习着，比刚才好一点，但是还是有很多错。

也许是带了些歉意，我有点违心地表扬她说："不错！这次左手完全对了，你看你一认真，进步就很大！"

月宝抿着嘴，用力地隐瞒着笑意。再弹的时候，更认真了些。

我试着对她说，你看这里再慢一点，就更好了。她便慢一些。我赶紧表扬她："月宝你真聪明，一点就透，这次节奏完全对。但是你看这里是两个手指同时落键……"

就这样，她顺着我的表扬，一路落进我的套路里……

"好了！第一条可以录像了。"我说。结果录像，一次通过。

我心里窃喜，继续鼓励她说："下面这几条，你也要认真练，争取也这样一次性通过，然后你就去玩好不好？"

"好的妈妈，我现在就练。"月宝眉飞色舞地说。

我出去忙我自己的事，她一个人在房间里练琴，我时不时地在门外给她竖起一个大拇指。就这样，后三条也轻松搞定。

虽然最后一段还是有些不熟练，但是没关系，只要孩子足够认真，心情愉悦，剩下的交给时间就好了。

||02||

今天突然想起练琴这件事，是因为有个朋友对我说，她儿子退步很大，让她很挠头。

我让她说说孩子的情况，她洋洋洒洒地给我写了近一千字，诸如上课不认真听讲，总说话，不停地被老师告状，语文课文不好好背，数学计算太粗心，成绩下滑……总之，没有一句是好话。

我问她："你的孩子有什么优点吗？"

她说："有啊，球踢得好！"她不无讽刺地说。

我让她跟我说说孩子踢球的故事。她说，孩子从小就爱踢球，一踢起球来能忘了回家吃饭。体育课上因为表现出色被选入了校足球队，成了前锋，几乎场场都能进球。

我说，那孩子应该反应很敏捷，很积极上进啊！你有没有在这方面表扬过他呢？

"表扬？再表扬他就更爱踢球不学习了。我很反对他踢球，正打算跟学校说，让他退出足球队。"

孩子本来就不爱学习，再掐断他的爱好，把他按在学习这条路上，他能变成学霸才怪呢？

那怎么办？表扬他！他赢了球回来，要表扬他；他要去参加比赛，鼓励他；他参赛回来，问问他踢得怎么样，关注他。对于学习，先只字不提。

这位朋友刚开始觉得有点不可思议，但还是按照我的建议去做了。

昨天，她突然对我说："今天老师在群里公布了英语默写全对的名单，居然有他。我都不敢相信，别是抄的吧？"

我说："您可千万别这么说！"

她笑了："哪能真这么说呢，昨天一晚上他都在家背英语，看来是真下功夫了。"

自从不再反对他踢球，这位妈妈反而开始关注起他在球队的情况。体育老师说，这孩子特别聪明，人缘也好，还经常帮老师干活，是个懂事的孩子。

她说，她从来没敢想象过，自己的孩子可以和"好孩子"这三个字联系到一起。她挺惊喜，做了很多好吃的给他，还原封不动地把体育老师表扬他的话对他说了，还说："你喜欢踢球，妈妈支持你。"对学习，虽然心里还是有点急，但还是忍住了没说。

后来慢慢地，孩子开始有所转变，玩一会手机就放下，主动去写作业，拿着书来找妈妈，让她帮他背课文。虽然成绩并没有一下子提上来，但是态度上的转变让她很惊喜。

她问我，这是怎么回事？

其实很简单，孩子的心理能量提升了！

🎧 **03**

什么是心理能量呢？

心理能量简称"心能量"，是促使人意识到自己的需求和主体性，驱使人采取适当行为的冲动、勇气、意志力及各种特征的情绪、感情等心理力量的展现。

通俗地讲，心理能量比较低的时候，人容易萎靡不振、自暴自弃，凡事提不起兴趣。心理能量比较高的时候，做事就比较积极主动，有勇气尝试，也能承受挫折。

孩子的心理能量，一小部分来自老师、同学和自己的经历，绝大部分则来自父母的认可。父母不认可，总是挑错、批评，拿别人家孩子来比较，孩子的心理能量就低；父母认可，总是鼓励、表扬，关注他的闪光点，孩子的心理能量就高。

我们总是认为，表现好的地方已经很好了，不需要再完善了，甚至觉得再表扬，孩子就骄傲了。而那些表现不好的地方，才需要耳提面命、反复督促，让他加以改正。但是事实证明，越是啰唆说教的父母，带出来的孩子越难以出色。因为不停地说教，就是在暗示孩子做得不够好。不认可他，他的能量就会降低，表现就会越来越糟糕，形成恶性循环。

孩子越"犯错"，越要表扬他，因为批评会增加孩子的挫败感，增强孩子的抵抗情绪，使事态恶化，而表扬会激发孩子努力变好的一面，让他们充满正能量，更加自觉，也更加自信。

这样做不仅有利于建立良好的亲子关系，也可以让你不费吹灰之力，规范孩子的行为。最重要的是，孩子也乐于接受。

话说回来，就算不说教，孩子真的不知道家长的期望在哪里吗？孩子因为爱父母，会本能地去满足父母的期望，但是有可能他们真的只是做不到。有时候是能力达不到，有时候是父母的要求与他们的自我意识存在冲突。这时候，与其不停地督促他，给他提要求，还不如表扬表扬他，给他一些心理能量，让他自然地发生正向转变。

孩子十个字里九个写得不好，我们就去表扬那个写得好的，他会更乐于接受把那九个不好的涂掉重写；孩子起床磨磨蹭蹭，我们去表扬他小小年纪会自己穿衣服了，他就会马上爬起来手脚麻利地把衣服穿上；孩子数学学不好，我们去表扬他作文写得很动人，他自己会主动把精力多投入一些在数学上。

孩子表现越糟糕，就越要表扬他。因为这正是他需要心理能量的时候。

骄傲挺好的，它还有个名字叫自信。

严厉未必管用，它还有个产物叫自卑。

只要不是溺爱，家长对孩子的表扬永远都是正能量，是他们心里的小火苗，别忘了，星星之火，是可以燎原的。

# 孩子童年的疤，有一生那么长

🎧 01

同事王姐某天上班，抱来了一窝小狗崽，自家母狗下的纯种小泰迪，个顶个的呆萌，大家一哄而上，你认"干儿子"，我当"亲闺女"，全都抱走了。

最后还剩一只，王姐看向我和心雅，我笑着摇摇头："家里有个月宝，已经够闹腾了。"

心雅欲迎还拒："其实真想养啊！但是不敢，怕它死了，怪难受的。"

王姐凑近心雅："以前养过狗吧，后来死了？"

"没有"，心雅说，"养过一只公鸡。"

"啊？"大家眼睛瞪得溜圆，"养鸡？！"

心雅有只宠物鸡，我是知道的。

去年九月份，我们俩一起去参加一个培训课程，老师让我们在一张纸上照着抽象画展开，随便画点什么，我们俩觉得那张抽象画很像鸡头，就决定一起画只鸡。

勾线、成型、上色……一个趾高气扬的大公鸡慢慢浮现出来，心雅一边上色一边说："我想起我小时候家里养的那只鸡了……"

完稿的时候，我们两个把画举起来，心雅看着那只油亮的大公鸡，突然泪流满面："真的好像我那只鸡！"

(( 02 ))

心雅3岁多的时候，家里养了很多鸡，大都是母的，只有一只是公的。心雅很喜欢这只公鸡，经常给它喂食，那公鸡也通人性，喜欢跟着心雅到处乱逛，心雅吃饭的时候，小公鸡就蹲在她脚边，等着吃她扔下来的饭菜。

后来小公鸡慢慢长大了，长出了漂亮的鸡冠和油亮的羽毛，每天早上啼叫。

有一天，舅公要到家里来，家里人说，不如把公鸡杀了，做道菜招待舅公。心雅听到了，说什么也不同意，她说公鸡是她的好朋友，谁也不能伤害它！

妈妈听后笑了："傻孩子，哪有人把鸡当朋友，公鸡就是杀来吃的。"

心雅把公鸡抱在怀里，跑得远远的，说什么也不让别人碰它。妈妈说："好吧，好吧，不杀了，给你留着。"心雅听后放心地去睡午觉了，睡着半截，突然听到一阵公鸡慌乱的叫声。她"腾"地一下跳起来，光着脚跑到院子里，只见外公拎着菜刀站在鸡舍门口，地上一层暗红色的薄血，她心爱的大公鸡已经奄奄一息地躺在地上，正用尽最后一丝气力挣扎着。

心雅随即便大哭起来，妈妈过来抱她，她对着妈妈又踢又踹，妈妈笑着，爸爸笑着，外公也笑着："你看这孩子，不就是一只鸡吗！"

心雅永远都忘不掉那只公鸡最后的眼神，它直直地看着天空，颤抖着拍了两下翅膀，然后慢慢地闭上了眼睛。

心雅站在地上大哭了很久很久，她靠这样的哭泣得到过糖果，得到过玩具，得到过礼物，但是却没能让她的公鸡回来。

**03**

心雅捧着那幅画说："她感觉那只公鸡回来了，现在的它那么健硕，那么强壮，那么快乐，那么趾高气扬，它再也不会被伤害了！"

那次培训结束的时候，大家围着老师问东问西，心雅凑过去只问了一句话："老师，我可以把这幅画带回家吗？"

很多天以后，心雅打电话给我，说谢谢我帮她画了那只鸡。

那只鸡给她留下的阴影居然这么浓重，成年以后的她，对世间美好的东西都有种莫名的抗拒，觉得美好的一切终将失去，与其以后伤心，还不如不曾拥有。这种想法赶走了她深爱的初恋，让她放弃了热爱的专业，她宁愿去过一种波澜不惊、平淡如水的安全生活，也不愿意去尝试拥有，经历失去。

于是我也就理解了，为什么我们一起逛街时在路边看到一只好看的手环，她会拿起来说好漂亮，然后又微笑着放回去。

除了害怕拥有，心雅还常常不自信，会议上她很少主动发言，在人群中也很少表达自己的观点，她常常有种无力感，人微言轻、于事无补的那种，就像她当初无法挽救自己的公鸡朋友一样，那种深深的无助和无力。

🎧 04

童年的疤会有多长？有时可能要伴随漫长的一生。

我有一个朋友，每次进入恋爱关系的时候都会让男方有种窒息感，她会翻对方的手机，喜欢打探对方的行踪。男朋友去其他城市开会，她必须跟着，如果实在不能跟着，就两小时一个电话的查岗。

刚开始，她男朋友还觉得她这样做是爱他的表现，但是慢慢地就有些受不了，尤其是他开会的时候，三番五次被她无聊的"问候"打断，真的很闹心。

这个朋友也知道自己这样很不好，但又控制不住，她只要一坐在一间空旷的房子里，听到表针滴答滴答的走动声，感觉不到任何来自男友的讯息的时候，她就会觉得被整个世界抛弃了，她必须马上打电话给男友求证他的存在。

后来，实在没有办法，朋友只好找了心理医生，在记忆回溯中，她发现自己小时候有过被父亲抛弃的经历。

那次她想买一只雪糕，在街边对父亲软磨硬泡，父亲丝毫不为所动，最后威胁她说："你不走，我走了啊！"然后父亲就真的掉头走了，那是一个没有太多人贩子的时代，父亲完全没担心女儿可能会追不上，被别人抱走。父亲走得那么快，她追了两步，看到父亲在街角向右拐了，但是当她追到街角的时候，右边那条街道一个人也没有。

她傻在原地，继而大哭起来，她一边抹着眼泪一边到处寻找，路边的人都看着她，但是没有人问她怎么了。她感觉自己找了一个世纪那么漫长，父亲才像块广告牌一样出现在她面前。

很多年以后，父亲对她说："你知道吗，当时我就站在你旁边，看着你慌乱地找来找去，你竟然没看见我。"她冷笑一声，对父亲说："爸爸，你知道吗？我直到现在都没走出那个街角。"

**◖05◗**

也许你会说，谁的童年没受过伤？到现在还没好，是不是太脆弱了？

是啊！大部分人的童年都受到过创伤，只不过有的人愈合了，有的人却没有，就像小时候摔破了膝盖，如果好好护理，很快就可以长出新的皮肤，但是没有好好护理，就会化脓、溃烂、留疤……

这其中的区别就是，有的童年创伤从来没有被看到，被重视，被处理过。

心雅悲痛欲绝，她的家人，包括她信赖的母亲在旁边哈哈大笑。那个朋友在街角陷入绝望般的恐惧，而她的父亲却在旁边插着手，冷眼旁观。

你伤害了孩子，你竟然不知道？！

有时候我们太小看了孩子对我们的信赖，我们说过的话，做过的事，他们都会当真的。如果你破坏了这种信赖，他们可能永远无法再拥有安全感；如果你伤害了他们的自尊，他们可能永远都无法再有笃定的自信；如果你伤害了他，却忽视了他的伤口，他可能要带着这道疤，走过漫长的一生。

但是作为父母，我们可能对孩子缜密的小心思是觉察不到的，也是不好理解的。所以，现在每天晚上我都会给月宝一个机会，让她说出一个自己心里想要和我分享的小秘密，或者给我提个建议。

有一次，她说我未经过她的允许就把她的东西送给了别人，她觉得特别特别伤心，感觉自己的妈妈爱的原来是别人。

　　我马上就跟她道歉了，而且发誓再也不那样做了，当妈真的不需要永远坚守着自己的权威，在孩子的情绪面前，你可以无限迁就，结果反而会有意外，有惊喜。

　　月宝原谅我后并没有变得自私自利，反而下次会主动分享自己的玩具给其他小朋友。

　　所以，学会面对孩子的情绪，理解孩子的情绪，这样，无论他受到了什么伤害，都能在你的怀抱里让伤口痊愈，而不是带着这样的伤口走向未来的人生。

# 你伤害了孩子，还不许他哭

**◖01◗**

有一天到幼儿园接月宝，遇到一个家长和老师聊天，说的好像是孩子吃饭的问题。

老师说，孩子每天吃饭吃得特别快，还没嚼碎就直接咽了，结果刚才就吐了，吐了一身。妈妈接过孩子的脏衣服，愁眉苦脸地跟老师说："这孩子在家吃饭也特别快，每次让他慢慢吃都不听。"

老师和妈妈说话的过程中，这个孩子一直在身边拍妈妈的胳膊，不停地叫："妈妈，妈妈！"妈妈甩开他的手，他又缠过来，反复几次，妈妈终于急了，严厉地说："没看见我在和老师说话吗？去！一边玩去。"孩子讨了个没趣，不说话了，在旁边百无聊赖地晃荡。

妈妈和老师说完话，拉着孩子准备回家。孩子却嚷嚷着不想走，还要和小朋友玩一会。妈妈说："刚才让你玩你不玩，现在要走了你又玩，你这孩子，就是不听话！"

妈妈硬拉着孩子走，孩子挣扎着要去玩，这样纠缠了一会，孩子"哇"的一声哭了。妈妈甩开他的手，说："你在这儿哭吧，我先走了！"说完就真的走开了。孩子一边哭，一边在后面追。妈妈扭头说："不许哭了！大家都看着你，丢不丢人？！"

母子俩走远了，我不禁感叹，有些家长真可笑，明明是你伤害了孩子，还不许他哭！

🎧02

刚才的过程，我看了满眼。

这个孩子刚出教室时手里拿了一幅画，他一见到妈妈就大叫着说："妈妈，你看，我画的你！"

那幅画上画的虽然看不出像是一个女人，但是色彩很鲜亮，童趣十足。可惜，妈妈还没来得及理睬孩子，就被老师叫住了，说了孩子吃饭的问题，老师和妈妈谈话的过程中，孩子不停地摇晃妈妈的胳膊，让她看他画的画，后来却被妈妈厌烦地推开了。

孩子被推开后，一直看着不远处滑滑梯的小朋友，他想过去玩，但是低头看看手里的画，又忍住了，他又试探着叫妈妈，可能是想让妈妈保管画，也可能是告诉妈妈他要过去玩一会，但是妈妈还是没有理睬他。妈妈终于说完话了，却拉起他就走，孩子自然是满心失望，于是便有了后面那一幕。

这样的情形很常见，孩子本来没有什么过错，家长有些焦躁也是出于对孩子的关心，但是最后伤害到了孩子，却还责怪他动不动就哭。

**(( 03 ))**

最近有个家长和我说了一件事。

她的孩子彤彤今年上初一，两个月前，彤彤的小学同学过生日，同学们商量着一起去庆祝。彤彤找妈妈要了50元，和其他3个女生一起去必胜客吃比萨，但是下午两点半了还没回来。（彤彤和父母约好两点之前一定回来。）

彤爸彤妈在家里急得像热锅上的蚂蚁，彤彤三点左右终于回来了，两口子对着孩子就是一通猛批，问她为什么回来这么晚，孩子就是不说，还和爸妈发脾气。爸爸比较凶，说了几句重话，彤彤转身出门，声称要离家出走，妈妈赶紧拦住孩子，好说歹说让孩子赶紧跟爸爸道个歉。

孩子被妈妈说服了，走到爸爸面前去道歉，没想到爸爸说她道歉不诚恳，继续劈头盖脸地骂她，孩子也拧巴起来，躲到卧室大哭不已。爸爸冲进卧室，让她马上止住眼泪，孩子不理爸爸，就被爸爸拽起来在屁股上狠狠地用扫帚抽了两下。

时至今日，孩子和爸爸已经两个月没说话了。彤妈问我，怎样才能劝说孩子，让她给爸爸诚恳地道个歉。

我挺惊讶，你们都把孩子逼成这样了，还想让孩子道歉，该道歉的明明是孩子的爸爸！

**(( 04 ))**

有一种爱特别要命，叫："我爱你，所以才伤害你"，它还有另外两种说法："我管你，是为你好"和"你就算恨我，我也要管你"。

可惜，从来没有哪种正确的爱，会被报之以恨。只有不恰当的爱的方式，会让人生怨。

彤彤的爸爸不爱她吗？当然不是，孩子才晚回来半个小时，他就已经如坐针毡，后来的情绪爆发可能是因为对女儿的过度担心造成的。但是，孩子看到的却不是爸爸对她的关心，而是爸爸因为自己晚回来一会就对她不依不饶的强势指责。

孩子为什么晚回来？周末必胜客人满为患，也许是上菜慢了，也许是同学们在一起玩得高兴忘了时间，也许是回来的路上堵车了。反正绝不是孩子刻意违背和父母的约定，故意让父母担心。那你为什么要批评她呢？

如果担心，下次出门给孩子带个手机，如果不能按时回来让孩子给家里打个电话；如果担心，和孩子商量一下，下次聚会来家里，爸妈给你们做好吃的，或者叫必胜客外卖来家里吃，如果你们需要自己的独立空间，爸妈出去，家留给你们；如果担心，孩子进门的时候紧紧抱住她说，吓死妈妈了！怎么这么晚才回来？

这些都是爱的表达方式。但是你因为担心，而对她非打即骂，只能说明你脾气不好，很难让人相信你是爱她！

**◖05◗**

世界上没有无缘无故哭泣的孩子，除非他受了伤，或者被感动。如果孩子因为你的某些行为而哭泣，而你确定不是感动了孩子，那一定是伤害了她。

伤害了孩子怎么办？简单粗暴地禁止他哭吗？你真的以为那是最有效、最快捷的方法吗？

有一种情绪含有剧毒，叫作"被压抑的愤怒"。这种愤怒一旦被释放出来，不是伤人就是伤己，足以撕裂一切亲子关系，毁掉一个人的人生。

不如，我告诉你一种更快捷的办法来让孩子停止哭泣吧！

那就是抱抱他。什么也不说，抱着他。满含深情地拥抱是治愈孩子心灵的良药，没有什么伤痛是不能在父母的拥抱里化解的，尤其在孩子很小的时候，拥抱是父母之爱最精准、最深情的表达。

幼儿园里遇到的那位妈妈，如果和老师说完话后马上蹲下来抱抱孩子，问问孩子刚才在跟她说什么，后面那一幕也许就不会发生了。

彤彤的爸爸如果能放下架子，好好地跟孩子谈谈："那天是爸爸等你等得太着急了，是爸爸没有控制好情绪，伤害到了你，希望你能原谅爸爸。"说完再紧紧地抱一下孩子，我相信父女的关系一定会得到改善的。

相反，如果你学不会表达爱，甚至羞于表达爱，那么等待你的只能是孩子离你越来越远！环顾我们的周围，有多少失败的亲子关系，不正是起因于此吗？

# 让孩子进入角色，比任何吼叫都管用

**01**

去杭州旅游的那几天，月爸几乎全程抱着月宝逛，我便负责拎行李。

水、伞、纸……这些小物件一件一件加起来压得我颈椎病都快犯了。原来沙僧这角色才是《西游记》里最辛苦的一个！

好不容易找到一个饭店坐下，只想好好歇一会，月宝偏偏来了精神，像分子热运动似的蹿上跳下，饭也不好好吃，不是掉了筷子就是洒了饭菜。我歇也不想歇了，恨不得赶紧吃完饭，赶紧走人。

月宝慢悠悠地扒拉着饭菜，一抬头看见爸爸正在往碗里盛扬州炒饭，她突发奇想，推挤着我说："我要到爸爸那儿去。"

好好好！你老妈我求之不得！

放走了月宝，我把孩子的饭碗往月爸面前一推："你来喂"。结果月宝先发制人："爸爸，假装你是小朋友，我是老师，我来喂你吃饭。"

"好呀，老师！"月爸倒是很配合。

我二郎腿一翘，开始吃我的西湖醋鱼，对面一大一小热闹极了。

"来，张嘴！"

"啊——"

"再来一口，慢慢嚼，嚼碎了再咽，啊。"

"嗯，老师，老师你也吃一口。"

月爸装起小朋友来"哆"了我一身鸡皮疙瘩。月宝一边嚼着饭一边给爸爸喂饭，样子还挺一本正经的。

等我吃完了饭，抬头一看，月宝碗里的饭不知什么时候已经吃光了，两个人还喝光了一盆蛋花汤，一点都没给我剩！

回想起刚才各种发号施令，都没能让月宝好好地坐下来吃饭，怎么交到月爸手里几分钟，饭就吃完了呢？后来，我明白了，原来我跟孩子说话用的语言不对。

## 02

家长和孩子说话的时候经常产生断层，就是我说的话你听不进去，你说的话我也不爱听。

比如我想让月宝去洗澡，而她却想让我给她讲故事，马上就要听！

我就会不停地说："快去洗澡，我们先洗澡。"

而她会说："妈妈讲，妈妈讲。"

我继续说："先洗澡，洗完了再讲。"

而她也坚持自己的想法："不，现在就讲。"

结果我们就陷入了僵局，谁也听不进去对方的话，谁也不肯让步。如果矛盾升级，妈妈就开始大喊大叫，孩子可能也不示弱，顶撞母亲或者哭闹不止。

但是如果这个时候换一种方式和孩子说话，用他们喜欢的语言来交流，他们的反应就会大不相同。

他们喜欢的语言是什么语言？当然就是——游戏的语言。

比如，有一次我和月宝又陷入了僵局，我想让她把满客厅的玩偶都放回卧室里再去画画，但是她偏要马上画画。说了几次不管用，我突然想起了月爸和月宝在饭店里角色扮演的那一幕。于是我假装学着玩偶的声音哭了起来。

月宝很奇怪地看着我："谁？谁在哭？"

我指指地上的玩具熊。

月宝果然中招，抱起玩具熊问："你怎么了？"

"天黑了，我找不到家了，我想要回家，姐姐你能送我回家吗？"

"好啊，你的家在哪里？"

"就在卧室的小床里。"

"好，走！姐姐送你回家啊！"

送走了玩具熊，下一个动物又开始哭，月宝就这样一个一个地把他们送回了家。

看着整洁的客厅，我装作一无所知地露出惊喜的表情："是谁把客厅收拾得这么干净呀？"

"我呀！"月宝得意地说。

我心里也暗自得意："不耗费高分贝，不起急动怒，分分钟就让孩子乖乖听话了。"而且这招屡试不爽。

**《03》**

月宝不起床。我悄悄对她说："爸爸说你半个小时也穿不好衣服，你现在静悄悄地穿上衣服，然后站到他面前，吓他一跳好不好？"

月宝和我相视一笑，便蹑手蹑脚地爬起来穿衣服，3分钟内就搞定了。

月宝不好好刷牙。我对着她的牙齿说："嘿，我看到你了！一只小虫子，它跑到下牙上去了，快把它刷出来……它又跑到上牙上去了，快用水把它冲出来……"

就这样，很快完成刷牙任务。

月宝没完没了的看电视。我就坐在她身边长吁短叹："唉！也没人陪我玩彩泥，我好孤单啊！不知道姐姐什么时候才能看完电视啊！"月宝就过来安慰我："好了好了，我陪你玩。我看完这一集就陪你玩。"

用游戏的语言和孩子说话，会让他们很快进入角色，以游戏的心态去完成你交代的任务，完成你的要求。

这样做的好处是，他们是心甘情愿，没有被控制、被胁迫的感觉，而且完成后会有成就感，按你的要求去做，整个过程也觉得有意思。

最重要的一点是，在这种互动过程中，你会从一个权威感极重的大人变成一个有趣的同伴，你们不会因为对彼此有要求而变得敌对，而是会借由一个个游戏而变成朋友。

只不过具体问题要用什么游戏方式去处理，需要我们自己动脑筋，而且要不断开发一些新玩法。这就需要你对孩子有足够的了解，知道他们的兴趣点在哪里。作为父母，这种了解想来也不难吧？

# 没错！我就是那个丢人现眼的妈妈

(( 01 ))

晚上我带月宝去上舞蹈课，把她送进教室后，忽然听到隔壁的教室一阵哭闹声。

我走过去一看，一个身穿舞蹈服的小女孩正被妈妈强拉着往教室里去，小女孩哭得声嘶力竭，拼命挣扎，说什么也不进教室。

有时候，真是不可小看孩子的力量，这么一个身高才1米左右的小家伙，竟然能死死地拽住教室门，妈妈急得满头大汗，怎么都拉不进去。

妈妈蹲下来，指着她的鼻尖说："你赶紧进去，别给我丢人。"

这时走过来一个老师，她蹲下来问孩子怎么了？

孩子说："害怕。"

没等孩子说完，妈妈便抢着说："有什么好怕的？你说练个舞蹈有什么好怕的！"

老师继续温柔地说："不然让妈妈陪你进去好吗？"

孩子点了点头。

老师示意家长和孩子一起进去，那个妈妈很不情愿，拉着孩子走进了教室，进去前丢下一句："你就让我丢人现眼吧，你！"

## 02

我特别理解这个妈妈，因为我也曾是那个"丢人现眼"的妈妈。

月宝4岁时，我带她去上舞蹈课。有一天，舞蹈老师有演出，临时找了一个老师来代课，结果这节课月宝三番五次要去厕所。第三次谎称要去厕所跑出来后，我问她，为什么要这样？

她突然哭了，说："妈妈，我害怕这个老师，你能和我一起进去吗？"

我仔细看了看那个老师，看起来挺文静的，也很漂亮，说话声音温温柔柔的，有什么可怕的呢？

见我迟疑，月宝摇着我的手说："妈妈，我真的真的想让你跟我一起进去。"

"那……好吧！"众目睽睽之下，我和孩子一起进了教室，坐在孩子们旁边旁听。

周围的家长坐在沙发上喝咖啡、看杂志，我却像问题孩子背后的问题家长一样，坐在教室的角落里陪着孩子上课。

我想每一个坐过这个位置的家长都在这个角落里思考过一个问题：为什么别的孩子都没事，就我家孩子不行？真是太丢人了！

这时候，老师开始轮番帮小朋友们下腰，因为是第一次下腰，老师一个一个地扶着小朋友去尝试。

大家都排好队，依次等着老师指点，月宝却突然跑过来扑到我身上，说什么也不让老师碰她，怎么劝都不行。

老师过来抱她，她竟然吓得大哭起来，连比她小的孩子都凑过来说："你看，就这个样子，一点都不恐怖。"

说实话，我当时真觉得很丢脸，别的小孩子都没事，月宝都快5岁了，居然因为下腰哭成了泪人。

我当然知道怎么要挟她就可以让她乖乖回到老师身边，但是看着她眼中的恐惧，我还是选择了相信她，相信一个孩子的直觉，接纳一个孩子的恐惧。尽管在我们看来，这恐惧太无事生非，太小题大做！

那节课结束后，我问她为什么怕那个老师，她也说不出来，只是不停地问我，以前的那个老师还回来吗？我说回来，从下节课开始，就还是原来的老师教了。她便长长地松了口气。

她到底怕什么？至今是个谜，既然她后面上课没再出现状况，我也就没有再追问过她，何况小孩子词汇量那么少，我们大人还有说不清楚的事呢！

**◖03◗**

其实，我小时候也让我妈丢人现眼过。

记得6岁时，和爸妈去小学报名，我清楚地记得那个男老师戴了一副眼镜，指着两张图问我："这是什么呀？"

我说："狗。"

"那这个呢？"

"猪。"

他换了两张图，问："这是几啊？"

"4。"

"那这个呢？"

那句"10"我没说出来，就哭了。

一堆人鼓励我："再好好看看那是几。"我就是不说，躲在一边掉眼泪。

别的孩子都大大方方地过了面试，只有我哭作一团。我妈当时应该觉得很丢人吧，但她没骂我，只是跟老师解释说："她认识，她已经会做连加连减了，字也认识很多，能读报纸。"

他们都以为我是害怕，其实很多年后，我才知道用什么词来形容当时的心情。那个词叫"屈辱"。

我都会做连加连减了，你居然问我认不认识10？我都6岁了，你问我认不认识猪？我又不是猪！

## 🎧 04

小孩子的词汇量很小，有时候他们不知道该如何表达自己的思想。单是一个哭，背后隐藏的情绪可能有很多，比如恐惧、紧张、愤怒、后悔、担心、失落……

家长能捕捉到孩子的情绪固然好，但是如果捕捉不到，还可以选择相信、接纳。

还记得去年有一个朋友跟我说，她的孩子第一天上幼儿园，回来后两眼发直，总问妈妈这是哪儿，晚上睡觉时总是突然惊醒大哭。第二天早上说什么也不去幼儿园。

我说："你可以尝试着让孩子先上半天。"

她跟我说："很多教育专家都说了，这个时候必须狠心，不然分离焦虑就会越来越严重"。

这话听起来不假，但是每一个孩子的性格都不一样，用同样的标准去要求他们根本就是不科学的。

有的孩子大大咧咧，在游乐场会主动邀请小朋友一起玩，主动和陌生人说话，而有的孩子谨小慎微，到了一个陌生的环境就会缺乏安全感，在陌生的幼儿园待上一天，已经到了他们承受的极限了。

这个时候，何不缓解一下，先上半天，让她熟悉老师，熟悉新朋友，慢慢度过这个分离期？

这位朋友听了我的话，中午就把孩子接回来缓解一下，再加鼓励表扬讲道理，到第三个星期就可以全天托送了，孩子虽偶有反复，但只是抹抹眼泪，再也没有那样激烈地反抗过，这个时候就可以"狠心"了。

## 🎧 05

孩子有可能不是那么强大，不是那么出色，但那真的不丢人！

我们生一个孩子，不是为了把他培养成优等生来证明我们自己的价值，也不是为了将他按部就班地培养成一个合格的社会产物。我们有幸成为孩子的父母，就是要在他们成长的过程中给他们帮衬，在他们有各种各样的情绪时帮他们疏导。

小时候他们没有安全地度过一些小的沟沟坎坎，又怎么能指望他们有能力闯过未来的大风大浪？当孩子出现重大情绪时，我们必须站在孩子身后，给他们支撑，这一点也不丢人。

与其追求一种表面的强大，逼孩子进步，不如在他最需要你的时候，站在他身边，哪怕那是一个很不堪的位置，但最重要的是，那里离孩子的心很近。

对了，月宝那天下了舞蹈课还跟我说了一句话。

她说："妈妈，谢谢你没有强迫我！"

这小屁孩，什么都懂！

# 我差点毁了我的孩子

《01》

给月宝买了《不一样的卡梅拉》系列绘本，一套共12册，月宝每次都让我从第一本开始讲。讲到第五遍的时候，我已经很不耐烦了："第一本不是讲了很多遍了吗，你不想看看第二本吗？"

月宝不回答，只是把第一本书塞进我的手里说："妈妈讲。"

我喝口凉水，平息了一下喉咙里的焦躁，翻开第一本《我想去看海》，一字一句地讲了起来。此时我已经做不到声情并茂了，我不偷工减料，胡编乱造已经很不错了！

月宝静静地听我讲，很认真的样子，我却开始偷偷构思我的下一篇文章，今晚我要写一篇育儿文，题目叫《世界上最考验耐心的三件事：喂饭、哄睡、讲故事！》

讲到中间，我实在累了，于是灵机一动，说："要不你给妈妈讲吧，哪儿不会妈妈给你提醒。"

"好的，妈妈。"

我把书递给月宝后，心里露出一个得逞的笑容，顺势躺在了沙发上。而一旁的月宝却端端正正地拿起书，从第一页一句一句地读了起来。

听月宝读着书，我从瘫躺变成了半坐，又从半坐变成了正襟危坐，月宝读着读着，一回头却看见我"老泪纵横"。

"妈妈，你怎么了？"

"你，你都背下来了？"

"对啊，就是后面有几页还不熟悉。"

这套绘本字不算多，但也不算少，每页平均不到100字，月宝并不认字，而且很多词语在我看来，以月宝的年龄根本还无法理解，比如"形影不离""惊天动地""不辞辛苦"，甚至还有复杂的人名"克里斯托夫·哥伦布"，她竟然完全复述出来了！即使有一些句子她说的与原文不同，但也找到了非常相似的词汇做替换。

原来，她不只是在听故事，她反复让我讲同一本书，是在学习和模仿，而我竟然一直试图让她放弃这种努力，差点因为自己的不耐烦打断了孩子学习。

## 02

我有一个朋友也差点犯了类似的错误。

她的孩子刚满3岁，什么玩具都不玩，就是喜欢玩豆子，她把橱柜里装豆子的瓶子都翻出来，把所有的豆子都倒进一个大盆里，然后再一点一点装回去。

同事每次都气得抓狂，因为她做饭时总是需要把豆子再分拣出来，但是她看到孩子这么喜欢玩豆子，又不忍心把豆子藏起来，索性就买了很多豆子专门给孩子玩。

忽然有一天，孩子举着一个大瓶子对妈妈说："妈妈你看，都装进去了！"

同事惊呆了，她买的豆子足足有三大瓶，完全装进一个大矿泉水瓶子似乎是不可能完成的事，每次孩子试图往里面装，都会剩下好多，现在居然都装进去了。

"你是怎么装进去的？！"

"先装大的，再装小的。"孩子倒出一些豆子，然后把大的芸豆拣进去，再放红豆、黑豆，最后小颗的绿豆顺着缝隙滚进去……

同事激动得热泪盈眶，这不就是著名的时间管理实验吗？同样大小的瓶子，先放大石块，再放小石块，最后再放沙子，就可以最大程度的将瓶子装满，顺序颠倒结果则截然不同，这个实验说明事情分轻重缓急，我们只有合理安排自己的时间才可以管理好自己的人生。

孩子自然是理解不到这个层面的，但是他竟然如此有智慧，亲手摸索出这个实验来！

同事很庆幸没有打断孩子这种自由探索，否则孩子的损失将无法估量。

03

做家长的普遍有一个误区，喜欢从自己的角度去评价孩子的行为，但是我们其实真的不完全了解孩子。他们的想法，他们的目标，他们做一件事情的理由，也许都不在我们的预期之中。

孩子生来并非一张白纸，需要我们不停地涂上颜色，确切地说，他们应该是一幅画卷，本身是有底色的，随着成长会慢慢晕染出更加瑰丽的色彩来。

如果家长对孩子有什么义务的话，我觉得最重要的有两项，一个是保护，另一个就是成全。后者很难。

有一次，我在超市里看到一个妈妈在教训孩子，其动静之大引来好多人围观，而且人越多，这位妈妈就越"兴奋"，从大声呵斥变成了打，一下又一下。目测那个男孩8岁左右，不敢反抗，但是眼睛里充满了恐惧和压抑的愤怒。

那个眼神我至今难以忘记，情绪就像一颗种子，是会生长的，如果这个孩子长大以后会虐待动物、破坏公物，我一定不会觉得奇怪，他若能顺利成才，能善待家人，我才觉得不可思议呢！

**04**

孩子做事拖拉，那是因为他们处在一种没有压力、无忧无虑的状态下。

孩子热衷看电视、玩iPad，是因为他们没有小伙伴一起玩，他们无聊。

孩子会说谎，是因为真相不能被接受。

我们总是说要接纳孩子，究竟什么是接纳？简单地说，就是把孩子当成孩子，在尽量大的范围内，允许他们做自己想做的事。

如果我们理解孩子的做法，而且赞同，那么接纳起来很容易。如果我们理解孩子的做法，但不赞同，那么就会想办法修正、改变、指导、教育。

其实还有第三种情况，就是我们并不理解孩子的做法。就像我开始的时候不懂月宝为什么喜欢把相同的故事听上四五遍，我同事不懂孩子为什么喜欢没完没了地折腾豆子一样。

## 05

有一个朋友曾经跟我抱怨，他的孩子每天晚上睡觉前，一定要把所有的玩具玩一遍，即使当时已经非常晚了，即使是在妈妈的"无敌夺命催"下匆忙草率地玩一遍，他也一定要统统玩遍了才能睡，为此她没少跟儿子发火。

我刚好了解一些儿童心理学知识，觉得她的孩子应该是处在秩序敏感期，这个时期的孩子对事情发生的秩序，包括物品的空间摆放和生活习惯的时间顺序有强烈的要求，是他们建立良好秩序感，锻炼对比、分类、序列等思维方式的重要阶段，如果一味蛮横镇压，就会使孩子产生强烈的心理冲突，不利于他们建立成熟和完善的秩序感。

朋友听后恍然大悟，怪不得她的孩子对玩具和家中饰品的摆放总是格外上心，稍有变化就不高兴，原来他处在秩序敏感期。她非常后悔当时总是责怪孩子不听话，对他大喊大叫。

在我们不理解孩子的时候能做到信任他、接纳他才尤为难得，但这对孩子而言是最重要的。

## 06

很多心理学家都在强调原生家庭对一个人的影响，作为父母，我们应当深感责任重大，毕竟我们对孩子的影响不容小觑。

可是我们总是感到很迷茫：管多了，会让孩子反感，而且也许会无意间破坏了孩子的天性；不管，孩子又变得没规没矩。

我们究竟应该以怎样的心态面对孩子呢？

几星期前，楼下的树木还都是一片枯枝，冬日的寒意冷得让人没有希望。然后似乎是一夜之间，树上长满了绿叶。几天前再看时，已经有星星点点细小的花苞。今天送月宝去幼儿园回来的路上，沿途所有的花都开了，桃花、玉兰、海棠……千姿百媚，煞是醉人。

赏花的心情有等待，有盼望，有惊喜，有欣赏。养孩子不也是如此吗？

即使有的等待让人看不到希望，有的盼望让我们的变得急功近利，变得焦躁，但是每一个孩子都是自然界最丰富、最纯净的生命，只要我们好好呵护，终有一天孩子会给我们惊喜，供我们慢慢欣赏。而欣赏，正是父母给孩子最美好的礼物啊！

# 只有被尊重的孩子，才能学会尊重

🎧 01

今天我犯了一个很多家长都会犯的错。

傍晚月宝拿了泡泡喷枪出去玩，一出门就遇到了她的小姐妹瑶瑶，瑶瑶一见月宝手里的喷枪，就大呼喜欢，冲上来要借过去玩。

月宝被她的阵势吓住了，拿着喷枪往后躲，我知道这种情况下我是不应该插嘴的，可还是礼貌地说了句："你借瑶瑶玩会吧。"

月宝不高兴了，她说："不！"

两个孩子你争我躲，两个家长一拉一让，一时间陷入尴尬。

我说："不然这样，我个子高，我来喷，你们两个一起抓泡泡好不好？"两个孩子微笑着点了点头。

可是喷了没几下，瑶瑶抓住时机扑到我面前说："阿姨！给我玩会。"然后顺理成章地将泡泡喷枪从我手里拿了过去。

月宝一下子愣住了，她大叫了一声："妈妈！"然后站在原地，泪流满面。

我蹲到她面前，说："对不起。"

没错，我无意骗她，却没能控制住局面，她那么信任我，而我却不经过她的允许把她的东西给了别的孩子。

每次她想玩别人的玩具，我都告诉她，你必须去问玩具的主人："我可以玩你的玩具吗？"如果对方说可以，你就可以玩，如果对方说不可以，你也要尊重别人不分享的权力。

可是今天，她是玩具的主人，我却没有给她同样的尊重。

## 02

这种委屈我太懂太懂了。

小时候有一次过年走亲戚，我穿了一件自己特别喜欢的毛衣，表姐看到了，想跟我换着穿。我不肯，于是我爸对我说："你表姐对你那么好，你一来就给你拿各种好吃的，你别这么自私。"硬是把我的毛衣和表姐换了。

还有一次，我爸带我和表姐去游乐场玩，她非要坐摩天轮，我不敢，我爸为了满足她硬是让我陪她坐了一圈。我从头哭到尾，一是害怕，二是觉得我爸对我表姐比对我好多了！

于是我就很羡慕小时候的邻居张天天，她爷爷特别宠她，她爷爷带我们几个小孩一起玩，他都会明显地偏向天天。后来，我终于得到了一个机会，是我爷爷带我们一起玩，我以为我终于可以恃宠而骄了，结果我爷爷全程照顾别的小孩，根本不拿我当回事。

有一种美德叫"幼吾幼以及人之幼"，但是好面子的家长往往会跨过"幼吾幼"这一步，直接"及人之幼"，我爸和我爷爷就是这样的家长，就像很多年前的春晚小品《有事您说话》那样，宁可自己百般委屈，也要成人之美。

这种大公无私用到孩子身上，会有另外一种解读："你是我的爸爸（妈妈），为什么却更爱别人家的孩子？为什么要无条件地满足别人，却不顾及我的感受？"

### 🎧 03

我的很多朋友都有过这样的经历：

我高中同学苏苏的妈妈是数学老师，经常有熟人到她家找她妈妈补课，她妈给别人讲题时超有耐心，还总是鼓励他们，而她呢，一个问题问上几遍没弄懂，她妈妈就会不耐烦，骂她不动脑子，让她自己去想。

大学室友文和母亲的关系特别不好，她一直觉得母亲不把她当人看，问她为什么，她的理由竟然是：每次别的孩子来家里玩，若表现出对哪个玩具的热爱时，她妈妈一定会倾囊相赠。当她和别的孩子都大哭着抓住一个娃娃不撒手时，妈妈一定会从她手里夺下，塞到别的孩子手里。妈妈说，这叫分享，很多年以后，她依然恨透了这个词。

父母在别人面前表现得客套，在孩子眼里就是超乎寻常的冷漠。自己人和外人之间的不对等会让孩子心理严重失衡。我们无心伤害孩子，却让孩子为我们的面子买单。

这样的孩子长大后会有两种倾向：要么总是牺牲自己去满足别人，因为他觉得自己的感觉并不重要；要么就是过分敏感，总想捍卫自己的权力。

**04**

中国是礼仪之邦，面子有时显得比里子更重要，但是不分青红皂白地客套会给孩子带来什么？似乎不仅仅是一场委屈的哭泣那么简单。

月宝临睡前还在跟我说："妈妈，你知道你把泡泡喷枪给瑶瑶的时候我有多伤心吗？"

"嗯！我知道。"

我明明知道你会伤心，但我还是那么做了。因为瑶瑶妈妈站在身边，我不能那么没风度；因为瑶瑶企盼的眼神那么强烈，我无法拒绝；因为我爱自己的面子，胜过了对你的尊重。

有时候我们对孩子的爱天地可表，有时候又那么微不足道。

下一次，再遇到这种情况，我会告诉瑶瑶："这是月姐姐的东西，你去问她可不可以给你玩一会。"

孩子面前，面子不重要，公道最重要，这样我们在孩子面前讲的大道理才掷地有声，能够被孩子信服和接受。

最重要的是，我们要鼓励孩子表达内心的一切情绪，不要让他们用隐忍来为我们的面子买单。所以，我宁可做一个"心胸狭隘"的家长，也要维护孩子自己发声的权利。

只有被尊重的孩子，才能学会尊重！

# 这世上，只有一个人把你的话当真

01

有一天我接月宝从幼儿园回家，一个妈妈领着5岁左右的孩子和我们同乘一部电梯。

那个孩子不知因为什么事惹妈妈生气了，他的妈妈就一直在电梯里数落他，说他很讨厌。

他们下了电梯后，月宝问我："妈妈，我是不是也很讨厌？"

"不是啊！那个小哥哥的妈妈只是因为有点生气才那么说他，其实他的妈妈很爱他的。"

"那你说我讨厌的时候，你还爱我吗？"

"我什么时候说过你讨厌？"

"就是那天，我把你刚刚叠好的衣服弄乱了，你说'你这个孩子，怎么这么讨厌！'"

"我有吗？……妈妈只是随口一说。"

"但是，你这么说时，我真的很伤心。"

电梯门开了，月宝蹦蹦跳跳地走了，我的心却像被刚刚关上的电梯门夹到了一样，狠狠地疼了一下。

## 02

我忽然想起几天前发生的事。

那天我的上司不知发了什么疯，扯着尖利的嗓子对我的工作横挑鼻子竖挑眼，在同事面前让我很难堪。

回家后，我努力地把怨气扔在门外，尽量在月宝面前忘掉这件事，但是陪她看电视的时候我走神了，委屈便以燎原之势迅速烧遍了我的全身。

广告来了，月宝嚷嚷着还要看，我说："你等一下。"

她就倒在我的腿上扭捏撒娇不耐烦，我推了推她，她又拱上来，不停地吵着："还不开始还不开始……"

我声音里带了怒气："你一个女孩子怎么这么没耐心！凭什么全世界都要围着你转？别学那些女人，又自私又刻薄，多让人讨厌！"

月宝突然闭了嘴，从小小的抽泣变成哇哇大哭。我抱紧了她，她却挣扎开，哭着去找她爸爸。爸爸抱着她出来问我怎么了。我说："广告，等得不耐烦了。"

这个谎，撒得真圆满。

## 03

亲爱的宝贝，我只是在发泄我的不满，你何必当真呢？

我总是觉得你不听话，其实最认真听我说话的人，我确定，只有你。有时候，我一给你讲故事书就开始走神，我把兔子读成了狐狸，你会第一时间质疑我：“狐狸？”有时候，我在家里问了家人一句话，他们各忙各的没人理我，片刻的冷场后，你一定会给我一个答案，虽然你并不知道答案。

我下班回来，你噔噔噔地跑过来告诉我：“妈妈，动物园插好了。”我一头雾水，半天才想起我们昨天约好，你会提前用乐高插好动物园，等我一回家就给我看。而你问我：“妈妈，歪歪兔买回来了吗？”见鬼！我早就忘到九霄云外去了。

我和你在一起，有时却心心念念地想着别的事，而你却关注着我的一举一动，认真地听着我说的每一句话。于是那不经意说出口的话，常让你刻骨铭心。

我也做过那样的蠢事，当你在外面玩起来没完没了时，我说你自己在这玩吧，我先回去了。然后看你惊恐地跑过来抱住我。

我也说过那样的傻话：“你这么没礼貌，妈妈不喜欢你了。”然后你不作声，眼神黯淡下去。

你找爸爸要巧虎玩具，他说：“你不好好吃饭，我就把巧虎玩具送给邻居小弟弟。”你便脸色涨得通红，崩溃大哭。

对了，你还特别在意、特别相信你爸爸说的话。

有一次他加班，你打电话跟他说想他了，他说他就在楼下，离你不远。没想到你在窗边望了十几分钟。

告诉你个秘密，听说了这件事后，你爸爸他哭了。

也是从那时起，我们渐渐懂得了，身为你的父母，我们的话在你心中永远占据着一言九鼎的分量。

((04))

曾经我认识一个十几岁的少年，叛逆、刁钻、任性、不尊重任何人，我曾看到他的父亲指着他的鼻子骂："你就是个混蛋！"

有一次我看到他打架，他把对方按在墙上，指着他的脑袋说："你就是个混蛋！"

他不仅觉得对方是，他觉得自己也是，因为那是他亲生父亲说的。

19岁时我在南大的某间教室上自习，课桌上写着一句话："我说过我能考上，但是，您从来没有相信过我。"当时我不懂那句话背后的意义，如今却能感同身受。我能想象，在全家庆祝孩子金榜题名的热闹场面里，那个孩子，怀揣着父母的质疑，内心那种无言的苍凉和悲壮。

孩子面前无小事，我们可以有二胎、有三胎……但是父母对于他们，是唯一，是整个世界。

父母是孩子最重要的催眠师，我们对他们说的话都会造成深刻的暗示和影响。

我们每天在孩子耳边给予他们的肯定都会变成他们未来生活下去的勇气和自信，同样我们对他们的批判和质疑也会成为他们心里最深的伤痛，留下他们一生都难以平复的疤痕。

所以，作为父母，务必要三思而后言，宁可三缄其口，不说一句戏言。

电梯门开了，我加快了回家的脚步，那天的事，我要跟月宝道个歉。

# 第三章

# 每个孩子都是一座宝藏

每个孩子都是一座宝藏，

优秀的家长就是做一个出色的"寻宝人"，

发现他的天赋，挖掘他的潜能，实现他的价值。

# 比缺钱更可怕的，是缺家教

## 01

有一天下班接了月宝，带她在幼儿园里玩了一会，玩着玩着，忽然听到有人在叫："喂！喂！……喂！"

伴随着最后一句叫声，一个巴掌在我腰上大力一拍，我回头一看，竟然是月宝的同班同学小米。她把一个玩偶扬到我面前说："你看，我新买的跳跳虎！"我这才知道她刚才是在叫我。

"哦……真好看。"

她没来由地哼了一声，转身跑了。

这时月宝走了过来，说："妈妈，我已经不和小米做好朋友了。"

"为什么呢？"

"因为她今天在小朋友们的作业本上吐口水。老师都批评她了，她也不听。"

我听后很吃惊，因为在我印象里，小米的妈妈一直十分重视孩子的教育，经常听她和不少家长介绍儿童培训中心的课程。

儿童培训中心的课程都很贵，一般家庭报两门课就已经很吃力了，小米却报了七八门课，可见家里经济条件是很不错的，而且小米妈妈愿意把钱花在孩子身上，应该算是重视孩子教育的。

只是，孩子受了这么多教育，难道没有人告诉她和大人打招呼应该规规矩矩地喊一声阿姨吗？

🎧02

现在，大家普遍认为有钱人家的孩子因为从小获得了更多的教育资源，所以见识、格局、眼界都不一样。

这一点的确不容忽视，但我们经常看到一些有钱人家的孩子，坐着豪华轿车，穿戴着一身名牌，浑身却散发着"暴发户"的气质。

我大学时曾经给一个上高中的女孩做家教。她家住在一幢别墅里，离我的学校很远，每次上课，她父亲都开着一辆宝马车来接我。一路上，他跟我聊起孩子的成绩，满嘴"拜托"，说自己经商多年忽视了孩子的学习，现在恶补不知道还来不来得及。

那是一个怎样的孩子呢？说实话，当时作为一个穷酸潦倒的大学生，我还是很羡慕她的，住在豪华的别墅里，每天有保姆伺候，大冷的天，我骑着单车，冻僵了双手来给她上课，她却穿着华美的睡衣坐在暖气房里喝咖啡，目测她那一杯咖啡的价格都够我吃一个星期的早餐了。

也许正因为出身富贵，这个女孩说起话来自带兰花指，大有一副"你是老师，你必须把我教会了，我是公主，你是来为我服务"的架势。

自己不愿付出任何努力，不愿练习，全程让我讲讲讲，好像我一分钟不讲，就浪费了补课费似的。而且她对我说话颐指气使，恨不得让我帮她整理笔记。

我才教了一个月便受不了她的大小姐脾气了。和她父亲沟通，她父亲说，她已经不是第一次把老师气走了，他说自己的孩子没别的毛病，就是懒。

只是懒吗？

对别人没有丝毫尊重，视别人的付出为理所当然，总以为自己有钱就可以对别人摆使脸色，甩出几个钱就想让别人俯首称臣。老师来了不打招呼，老师走了连句再见都不说，这分明就是没教养。

这样的家庭，不缺教育资源。她父亲最后跟我说，如果实在不行，就送孩子去美国了。

如果连怎么做人都没学会的话，我想她过不了的可能不仅是中国的高考，或许连美国的国境都进不去。就算她走出国门，见识了更大的世界，也不见得能出人头地。

**03**

好的教养跟家风有关，跟家境无关。

我们经常看到一些普通家庭出身的孩子，知书达礼，真诚善良，让人忍不住打心眼里喜欢，愿意多帮他一把。也有一些家境不错的孩子，乖戾任性，惹人讨厌，让人敬而远之。

有个孩子，4岁师从中央音乐学院著名钢琴教授，8岁师从清华大学教授学习书法，10岁加入中国少年冰球队，少年时期曾多次在国家级钢琴比赛和书法大赛中获奖。

不得不说，他所得到的教育资源让普通家庭的孩子望尘莫及。但是长大后呢？他无照驾驶，因打人事件被拘，劳动教养刚刚结束半年，又因强奸罪获刑十年，把人生大写的辉煌直接从生命里抹去了。

有教养的孩子即使人生的起点低，未来的路也会越走越宽；没教养的孩子即使人生的起点高，未来的路也会越走越危险。

越是家庭优越，越要重视孩子的素质培养，越是所谓社会名流，越要有高尚的德行做依托，《朱子家训》中早就指出：德不配位，必有灾殃。

越是有声望的家庭，越要重视孩子人格的塑造，因为他掌控的资源多，对社会产生的影响更大，无论是正面的还是负面的都会产生巨大的蝴蝶效应。

🎧 **04**

一个孩子所处的家境可以普通，但是教育却万万不能贫寒，否则就会像一只有短板的木桶，终难成大器。

这里的教育当然不是指让孩子有多少才学，有多少技能，有多少奖状和荣誉，而是要待人诚恳、懂得尊重、心怀善念、德才兼备。

张九龄曾经说过："人之所以为贵，以其有信有礼。"穷了什么，都不能穷教养，品德上的卑微才是真正的卑微。贫寒不可怕，只要有教养，终将会让孩子通往高贵！

# 别把对孩子的爱变成诅咒

## 01

带月宝在楼下玩滑梯，遇到一对祖孙。

小孙子两岁多，登梯爬高忙得不亦乐乎，奶奶追在后面亦步亦趋地保护着，后来实在是跟不上了，就追在后面喊："别跑了，一会脚下一滑，脸正好磕在滑梯上，把你嘴磕破了。"

就是这么巧！话音刚落，孩子一个趔趄往前扑去，脸正好撞在滑梯上，嘴唇瞬间就磕出血了。

奶奶像着了火一样，跑过去抱起孩子："你看！我说什么来着！"

## 02

有时候，我们会发现，老人有惊人的预判能力。

"别吃了别吃了，再吃就该积食了，积食就得发烧。"如此说完，过两天，这孩子八成会发烧。

"你这孩子，干什么都没记性，以后上学成绩好不了！"后来孩子上学了，果然三天两头不及格。

"你就不吃蔬菜吧！以后人家孩子都长个子，就你不长！"结果孩子成年后，个子果然矮人一截。

有人说，这是长者特有的经验和智慧，有道是："不听老人言，吃亏在眼前。"最后多半是年轻人以吃亏的方式印证了这句真理。但是，长辈们是乐于看到孩子们吃亏来证明自己料事如神呢，还是希望孩子们一帆风顺呢？答案不用说，一定是后者。

我是为你好，所以提醒你，让你在通往"吃亏"的路上赶紧踩刹车掉头。但是结果恰恰相反，孩子们总是会一头撞上去。

我曾经在书店看到一本书，书名是《千万不要打开这本书》，你猜怎么着？我马上打开看了。

当然，生活中没有人会明知故犯，明明告诉你了是雷区，你偏偏上脚去踩，是不是傻？

我上学时虽然成绩不差，但是比较贪玩。记得我快小学毕业的时候被班主任叫到了办公室，她对我说了一句话，我至今记忆犹新，她对我说："一定要考上XX中学。"

我当时对XX中学没概念，只知道是市重点，离家有点远，这要是考上了，早上上学得多早起床啊！但是后来，我偏偏以全校第二的成绩考上了那所中学。

上了高中我依然贪玩，高三那年，我又被班主任叫到了办公室，她也说了一句让我至今记忆犹新的话，她说："你要是考不上'985'大学，是要后悔一辈子的。"

高考前的那天晚上，我被这句话硌得睡不着觉，后来，竟然在分数够线的情况下都没有进入"985"学校。我真的已经后悔了半辈子了！

于是我慢慢发现，生活中的预言家不只那些经验丰富的老人，还有父母、老师、朋友……只要他们曾经在你面前"下定论"，基本都会将你导向那个结论。

这是怎么回事？！

## 🎧 03

我曾经在一部心理学著作上读到过一个著名的实验。

美国心理学家罗森塔尔在一个小学里随机挑选了18个班，并对这18个班的学生做了"未来发展趋势测验"，然后将一份"最有发展前途者"的名单交给了校长和这18个班的老师。

8个月后，罗森塔尔对那18个班级的学生进行复试，结果发现凡是上了名单的学生，个个成绩有了较大的进步，且性格开朗，自信心强，求知欲旺，乐于和别人打交道。

正当校长和老师对罗森塔尔的判断力赞不绝口时，罗森塔尔却大笑着说，其实他撒了一个谎。根本就没有"最有发展前途者"，那份名单上的孩子只是他随机挑选的，但是罗森塔尔"权威性"的谎言给了老师暗示，左右了老师对个别孩子们的判断，在与孩子接触的过程中，又通过语言、行为、情感等将这种正面的暗示传达给了学生，从而使名单上的孩子变得更加自尊、自爱、自信、自强，在各方面都得到了超乎寻常的进步。

罗森塔尔的这个发现被称为"皮格马利翁效应"，即人的情感和观念会不同程度地受到别人的暗示，潜意识中会按照别人所暗示的那样去发展。孩子尤其会接受与自己最亲近的家人和老师们的暗示，逐渐变成他们口中描述的那个样子。

**04**

在生活中，我们几乎每天都在暗示孩子，而且经常在做负面的暗示。

类似下面的话，我相信很多父母都说过。

"照你这样下去，期末考试你是要倒数啊！"

"看人家XX学习多好，都是一天吃三顿饭长大的，你怎么跟人家差那么远？"

"刷个牙都能用10分钟，这都几点了？每天磨磨蹭蹭的！"

"哎呀！又错了！你就不能仔细点吗？"

"我看你不行！"

"我看你没戏！"

"我看你这辈子没什么大出息！"

殊不知，你说的这些恨铁不成钢的话都是对孩子赤裸裸的诅咒，每天萦绕在孩子耳边的这些负面评价，有一天全部都会变成现实！

怎么办？难道看到孩子犯错，就不管，不教育了吗！

当然不是。"皮格马利翁效应"只是一个规律，这个规律要看你怎么用了。

当代儿童心理学家，教育家阿莫纳什维利曾经说过："教育孩子的最佳途径是，要相信孩子，并使孩子相信他将获得成功！"

简单地说，就是把你对孩子的负面评价换一种说法，换成正面评价。当孩子表现不佳时，对他这样说：

"不要紧，下次还有机会。"

"没关系，再用心一点就能拿满分了。"

"我相信你能做好！"

即使你真的很担心，很焦虑，也不要在孩子面前表现出来。

好的父母都是演技派，心里再怎样兵荒马乱，也要给孩子一个镇定而充满信心的微笑，让他知道，他可以变得更好，而不要让孩子从你的神情中读到他现在很糟糕，未来会更糟糕。

你希望他变成什么样子，就给他什么暗示。早上孩子出门时磨磨蹭蹭，晚上你可以在孩子面前对老公说："早上宝贝动作可快了，10分钟我们就出门了！"孩子不懂10分钟是什么概念，但他第二天会抢在10分钟内出门。

你希望孩子能自己穿衣服，可以这样暗示他："宝贝这么厉害，小小年纪就能自己穿衣服了！妈妈这么大时还要让姥姥给穿呢！"他一定会马上手脚麻利地穿给你看。

关于未来，你还可以给孩子预设很美好的场景：

"你好好练琴，以后在舞台上演出，爸爸妈妈爷爷奶奶姥爷姥姥都会去看你表演。""你加把劲，考上XX学校，就可以加入那所学校里的XX足球队，据说那是全市最棒的足球队。"

听起来是不是很带劲？

我们对孩子说的每一句话都带有能量，我们给他的肯定、赞美和信任是正能量，会驱使孩子在各方面越变越好；而否定、批判、怀疑是负能量，会让孩子越来越萎靡卑微。

同样是关怀，同样是爱，但说出的话有的是诅咒，有的是祝福。你怎么选？

# 内心满足的孩子，才能真正幸福

🎧 **01**

我下班回家的时候，经常在电梯里看到朵朵，她小时候总和月宝在一起玩，上了小学后，就不常出来了。有时候孩子们在门口看到朵朵姐姐上楼，大声地招呼她出来玩，她也只是无奈地摆摆手说，我得写作业。

眨眼间，朵朵上三年级了，她的身体越来越瘦削，书包却越来越庞大，背在肩上，与瘦小的她极不成比例。我便问朵朵妈妈，现在小学负担还是这么重吗？不是提倡减负了吗？朵朵抢先说，我书包里的作业都是我妈妈给我留的。

朵朵妈是小区里有名的"虎妈"，从朵朵两岁起，就没有停止过早教，上幼儿园的时候，朵朵曾经一周七天，每天都要学一门课程。我真的非常佩服朵朵妈，如果当妈可以算作一种职业的话，她是当之无愧的劳模。

朵朵妈曾经跟我说过，在培养孩子这个问题上，所有的坚持都是家长在坚持，让孩子学那么多东西，看着她那么辛苦，能不心疼吗？但是现在多吃点苦，以后孩子就能更幸福。

真的是这样吗？

## 02

前几天，我和几个朋友相约带孩子们出去玩儿，孩子们玩儿的时候，妈妈们就在一边聊天，可是一个朋友却拿了一堆复习资料在看，我凑过去问问，原来她正在备考注册会计师。

她一脸憔悴地从资料中抬起头来，说："日子过得苦啊！"

我说："现在考试虽然辛苦一点，但是考出来就幸福了呀！"

她说："幸福吗？感觉每天都被压力推着走，丝毫都不敢松懈，现在已经30多岁了，一直很辛苦，却依然一事无成，不考注册会计师，就感觉生活得没有底气，但是考下来又怎样呢？也依然有新的挑战和压力在等着你。"

我这个朋友很聪明，上学的时候又很努力，"学霸"一个，后来考上了名牌大学，毕业后进了一家不错的公司，结婚、生子都是按部就班进行。但是年龄越大，我们就越难在她脸上找到幸福感。

有一次她在微信上跟我说，按部就班的优秀是世界上最廉价的平庸，让我心里狠狠地震撼了一下。

优秀如她，怎么会不知道孩子怎样才能赢在起跑线呢，但是她却没有给孩子报过太多的课外班，没有给孩子太多成长的压力，她说，希望孩子能做一个忠于自己感受的人，不要为了追求优秀而过多地压抑自己。

## 03

朋友的话其实有些片面，难道优秀就意味着过多地压抑自己吗？我觉得不是。

月宝的幼儿园里有一个女孩子，现在上大班了，我每次在幼儿园里遇到她，都忍不住多看两眼。

5岁多的小女孩，长得虽不算十分清秀，但一举一动气质非凡。她每次只让妈妈送到幼儿园门口，然后自己气宇轩昂地走到教室里去，一路上和老师、园长大方地打招呼，还会对陌生的家长微笑。

有一次我抓住机会问她，你在外面学舞蹈吗？她说："学啊，学了拉丁。我还学了很多东西，钢琴、素描、英语……这个暑假，妈妈还要带我去学游泳。"说这些话的时候，她语气轻松，面带微笑，脚步是活泼跳跃的，与那些被课外班压得软趴趴的孩子完全不同。

"学这么多，不累吗？"这个问题完全不用问她，因为她的脸上明显地写着两个字——快乐。

直觉告诉我，这个阳光的女孩子以后肯定会很幸福的，因为她的童年是快乐的，满足的。

## 04

每个人在童年时期都是一颗种子，在生命最初的阶段，他们拼命地吸收阳光和养料。如果我们用压力来喂养，他们未来难免怨气深重，对幸福的体验就会很差；但我们若用快乐来喂养，他们未来幸福的可能性就会很大。

所有的坚持都是父母在坚持，怕只怕，你所有的坚持都只是在盲目坚持。根本就没有所谓的起跑线，因为每一个孩子都注定要去往不同的方向，终点不一样，何谈起跑线？

要不要报早教班？要不要学钢琴？要不要学奥数？这些问题不在专家那里，也不在家长那里，真正的答案在孩子那里。

有的孩子像一块吸收力强的海绵，好奇心重，又热爱探索，在兴趣班里如鱼得水，那么家长就应该全力支持；有的孩子对什么都不感兴趣，又不喜欢集体活动，那就没必要硬把他塞到早教班里，让他流着眼泪感受"快乐数学""快乐英语"。

而且，哪有孩子天生对什么都不感兴趣，只不过，他感兴趣的那些事在家长和老师看来没什么用罢了。

最有意义的教育，就是在足够了解自己孩子的基础上成人之美。如果他是鸟，就让他高飞，如果他是鱼，就让他下水。

🎧 **05**

周杰伦有一首歌很励志，名叫《听妈妈的话》。他曾说，自己小时候练琴，妈妈就拿着小木棍站在他身后，他音乐底子打得深厚，都是那根棍子逼出来的。

不过，这并不意味着孩子成才都是妈妈逼出来的。周杰伦的妈妈叶惠美强迫周杰伦坚持练琴，是在足够了解孩子的基础上做的决定。

周杰伦4岁读幼儿园时，妈妈曾带他去学钢琴，平时活泼好动的周杰伦在钢琴前一站，竟然出奇地安静，老师弹过的曲子，他听了一遍就能复弹出来。小学三年级，周杰伦偶然听到世界名曲《天鹅湖》，竟被大提琴凄美的旋律迷住了。

叶惠美所有的支持都是基于孩子在音乐面前是快乐的这一事实，周杰伦小时候并不是很喜欢读书，妈妈也并没有逼迫他，反而能一直接受他成绩惨淡的现实，在他擅长的领域极力为他创造条件。

每一个人的成功都需要付出努力，父母的坚持只需要在孩子擅长的领域，在孩子进入瓶颈期时托孩子一把，让他不要放弃，而不是从孩子出生开始，就无休无止地推动、监管、控制和施压。

🎧06

我们所有的努力都是希望孩子未来能够幸福，但是孩子能不能幸福，并不取决于他能飞得多高，走得多远，而是在于他心里有多少满足，多少快乐，他是随心所欲，还是身不由己。所以，该不该给孩子施压，就看他现在的状态吧。

孩子小时候是快乐的、轻松的，他未来幸福的可能性就大，他小时候是苦闷的、压抑的，未来不论他取得了什么样成就，幸福的可能性都很小。

# 少说一句话，对孩子有多重要

**01**

朋友的美拍里有一段她和女儿的四手联弹视频。妈妈低声部，女儿高声部，配合得当，技巧娴熟。我看了很是羡慕，便拉过月宝说："咱俩也练吧。"

月宝看她们也看得入神，我教她时，她却一把推开我的手，非要自己试。

菜鸟指法配上风马牛不相及的音调，一下子就和视频中的小姐姐拉开了差距，我强行按住她乱弹的手："我教你，不然你怎么能会呢？！"

她一脸不耐烦，推开我的手，连低声部也不让我碰了，我没好气地坐在一边，心想：算了算了，以后让老师教你吧，我可没耐心！

月宝一边看着手机上的视频，一边在琴键上敲击。我在一边看着她，渐渐地竟听出了些味道。

音调自然是不对，但是节奏完全正确。而且，虽然她弹得不是高声部也不是低声部，两手配合却相得益彰。再仔细一听，左手是低声部妈妈的节奏，右手是高声部孩子的节奏。

我惊喜极了，完全没想到她能有这样的感受力，竟然在短短的几分钟内把曲子的节奏记住了，而且还可以用两只手表现。

幸亏我刚才没有强行教她，如果让她生硬地练指法，她还能感受到整体的乐感吗？

**02**

在月宝小的时候，我是个特别急功近利的妈妈。

教她认字，带着她念了五六遍，就希望她记住；教她数数，从1数到10，错一个就马上打断她。

我害怕她出错，加深了错误记忆，就每次在她跑偏的时候给她提醒，结果月宝完全不买账。

每次我给她提醒，她都是又皱眉又摆手，再说就会上来捂我的嘴。她才不会顾及那些错误答案对我来说多么刺耳，只愿意乐此不疲地一遍遍尝试。

可是，就在这样的尝试中，她学会了数数，数单数，数双数，五个五个地数，十个十个地数……除了实在不会的时候跑过来问我，其他时间都是自己一遍遍摸索。

我这才发现，会而不答，知而不言，家长少说一句话，对孩子竟然这么重要。我教她十遍二十遍，也不如她自己摸爬滚打着摸索一遍学得快。

**03**

富兰克林曾说过：

"Tell me，I will forget,

show me，I will remember,

involve me，I will understand."

（告诉我，我会忘记；示范给我看，我能记住；让我参与进来，我才能理解。）

家长和孩子之间一个特别大的博弈，就是我想教，而你不想学。但是家长所谓的教，都只是停留在"tell me"的阶段，孩子不理解，也容易忘记。

最后家长花费了很多口舌，孩子还是油盐不进。其实正是因为我们在急于求成的过程中，没有让孩子参与进来。

**04**

每到寒暑假，就是课外班疯狂肆虐的时期，各种培训课程来势汹汹，势若流感。

以前我身边的朋友聊的话题是："你给孩子上课外班了吗？"现在大家聊的话题是："你给孩子报哪些课外班了？"

我不支持这种教育模式，倒不是因为它烧钱，而是在大量既得知识灌输下，孩子根本没有思考的时间和体验的机会，也就慢慢没有了参与的意识。这样的话，不管家长花了多少钱，耗费了多少时间，不管孩子学会了什么，孩子所得的都只是些皮毛，没有更深的理解。

所以，越是愚蠢的家长越希望老师多讲，一节课45分钟，最好满堂灌，他们觉得只有这样性价比才高。但是内行的家长更看重孩子在课堂上的参与度、吸收率，更看重孩子在学习的过程中体验到了什么，他的思想和内心得到了什么启发。

家长和老师少说一句话，对孩子才最重要。世界越快，我们越要让孩子慢下来。

都说磨刀不误砍柴工，既然童年就这么几年，我宁愿孩子把自己这把刀磨快，也不要把一堆柴堆到她面前来。

# 我曾如此苛求我的孩子

🎧 01

我是什么时候发现月宝唱歌跑调的呢？

大概是她3岁多的时候吧。

有一天她下了幼儿园，一见到我就说："妈妈，今天我们学了首新歌。"说着，她就给我唱了起来。唱完后，我唯一的感觉就是，这首歌好奇怪啊！

回家后我上网搜了一下，她唱的虽然不能说都不在调上，但的确和原版差很远。不过那时觉得她还小，可能五音还不健全，就没理会。

前几天，和朋友一起带孩子出去玩，两个小家伙在车上你一首我一首地斗起歌来，朋友的孩子比月宝才大一个月，歌唱得那叫一个完美，不但咬字清晰、音准到位，情绪也很饱满，我家月宝第一条和第三条都做到了，就是这个音准差强人意，尤其到了高音，总感觉一口气提不上去。

🎧 02

有了"别人家的孩子"做比较，我就开始认识到问题的严重性。原来孩子跑调根本不是年龄问题。

我忽然想起和同事一起唱歌时那些不敢张嘴的成年人，一瞬间，我仿佛看到了未来的月宝。

不行！不能让她这样下去！

我咨询了一个教钢琴的朋友，她说唱歌跑调不是发声的问题，而是耳朵的问题，你要让她多听。

于是，我下载了很多儿童歌曲，只要一有机会就给她放音乐。在家里，只要有空闲，我就把她拉到钢琴边，用钢琴带着她从低音do唱到高音do。每次她唱跑调，我就立即打断她，让她跟着我再重复唱一遍。

当然，我也一直在鼓励，比如她冷不丁唱出一段音准很到位的歌曲，我立刻给她鼓掌："好棒！这次唱得特别好！"

在我紧锣密鼓的调教下，月宝变化很大！她变得……越来越不喜欢唱歌了……

以前车里放音乐，她多半要跟着唱，现在基本保持沉默，要是我提议让她跟唱，她会非常烦躁地把脸别向窗外，不看我。

以前幼儿园每次学了新歌，她都会第一时间唱给我听，现在几乎有半年没听到她幼儿园的新歌了。

以前和朋友们在一起，她会和小伙伴们比着唱歌，现在她基本都是听别人唱，偶尔还咯咯咯地笑出声来："哈哈，你都唱跑调了！"

就她？还笑别人跑调……

**03**

有一天中午，几个同事想一起活动活动筋骨，一个同事提议去打乒乓球，大家一拍即合。只有一个同事摆摆手说："我不去了，你们去吧，我不会打乒乓球。"

我挽起她的胳膊："谁会打啊？都不会打，走啦走啦……"

大家一路说说笑笑地往球馆里走，我挽着的这个同事说："其实我小时候跟我爸学过很多年乒乓球，他球打得特别好，但是他说我一点也没有遗传他的运动基因，每次他教我打球，我总是不能让他满意，不是接慢了就是接快了，不是撞网了就是打飞了。"

"这不是很正常吗？"我说，"我到现在也经常把球打飞啊！"

"正常吗？反正后来我爸对我彻底放弃了，他总说我表妹比我打得好，带我们俩一起出去打球，我爸说我不如就做个捡球的，哈哈哈！后来，我就再也不打乒乓球了，太挫败了！"

同事聊起这些往事笑得很大声，我和她一起笑，笑着笑着笑容就僵在了脸上。天哪！我都干了些什么？！

## 🎧 04

晚上一到家，我就迫不及待地跟月宝说："宝贝儿，你看妈妈多傻！"

"你不傻啊！"她打断我，"你挺聪明的！"

我突然哽住了，一幕幕往事浮现在眼前……

有一天，我自己剪了个刘海，剪完后就气急败坏地大叫道："天哪！太丑了。"月宝噔噔噔地跑过来，捧起我的脸，左右看了看说："不丑啊！妈妈你最漂亮了！"

有一天，我做了个小手工艺品准备放到她的幼儿园参加展览，但是做完后发现太低级了，就说干脆买一个吧！月宝拿过来说："我觉得挺好的。"然后第二天小心翼翼地捧到了幼儿园里，一进门就扬起来跟老师说："老师您看，我妈妈做的。"

我做鸡蛋羹，蛋和水的比例永远调不好，不是太干起泡，就是稀汤，每次放到月宝面前都不好意思地说："又没成功，凑合吃吧！"月宝一边吃一边说："怎么没成功？不是挺好吃的吗？妈妈做得比幼儿园做得好吃！"

不得不承认，月宝这些看似不经意的话语给了我莫大的鼓励，让我常常感到欣慰和感动。

我不是个完美妈妈，但是在孩子眼中，我何其完美。孩子已经是个不错的孩子了，但是在我眼中，却依然遍布瑕疵。我永远在想着怎么改善她，怎么修饰她，怎么扳正她，却未曾发现，在这样的过程中，她一直在承受着我的否定，我的比较，我的嫌弃，我的失望……

就如同唱歌，我太过于在乎她的音准，太过于强调唱歌的技巧，却剥夺了孩子唱歌的随心、随性，剥夺了她唱歌的快乐。

那么画画呢？我们有没有因为强调线条的精准，而剥夺了孩子涂鸦的快乐？

那么读书呢？我们有没有因为闲书无用，而剥夺了孩子求知的快乐？

那么写字呢？学习呢？穿衣打扮呢？玩呢？

在我们不停地拿着成人的标准去要求孩子的时候，我们真的是在爱他吗？是在成就他吗？还是我们是在用自己的完美论去挫伤一个孩子的自信和快乐呢？

## 05

我曾经给月宝看过我的大学毕业照，有一张是全学院的合影，大约三百多人，我就问她："我在哪儿？"她用了不到半分钟就认出了我。我目瞪口呆，问她是怎么找到我的，她的回答太惊艳了："因为你的身上有我的爱啊！"

这是绘本中的一句话，讲的是两个门神长得一模一样，谁都分辨不出来，除了他们自己的妈妈，他们问妈妈是怎么认出自己的，妈妈说："因为你的身上有我的爱啊！"

可惜现实中的我们，恰恰相反！我们不会在千人一面的人群中发现自己孩子独特的美，而是竭力地把自己的孩子打造成千人一面的人群中平凡的一员。

其实唱歌跑调又怎么样呢？画画难看又怎么样呢？不聪明、不漂亮又怎么样呢？学习不好又怎么样呢？

如果我们不会因为孩子的不完美而少爱他三分，为什么我们要在他们的这些瑕疵面前表现得那么不满？为什么我们一度让孩子觉得我们不是那么爱他？

## 06

听过一个很感人的传说。

每个降临人间的宝宝都曾是天上的天使，天使的尾巴全都控制在上帝的手里，直到有一天，他们看到了地上的妈妈，于是挣扎着要来人间找妈妈。

但是上帝舍不得他们，不肯放手，于是这些小天使们就拼命挣断了尾巴，来到了妈妈身边。于是从此，每个宝宝出生时，屁股上都有一块小小的青痕。

　　我们很普通，很平凡，但是我们都是小天使眼中那个独一无二的妈妈。

　　孩子可能很出色，也可能很平凡，可能处处比不过别人，甚至可能很不堪，但是别忘了，只有他，为你挣断了尾巴！

# 小时候不让孩子说话，长大了他将无话可说

## 01

国庆期间，亲人们在饭店小聚，我和几个姐妹相谈甚欢，聊得口干舌燥，正想招呼身后的服务员上一杯水，一回头，哪里是服务员！在我们身后一直站着的是好久不见的堂弟。

他穿着随意，手里捧着个手机，一声不吭地杵在门框后面。我们招呼他过来坐，他看了看，可能觉得没地方坐，就说了句："我就站着吧。"

婶婶这时走近我们说："他就这样，三棍子打不出一个屁，天天杵在家里跟木头桩子似的。"

说到这里，婶婶把手做成括弧状，罩在自己的嘴边说："也不谈恋爱，我都快急死了。"

## 02

堂弟25岁，正是该恋爱的年纪，但是据说这么多年都没出现过"早恋"迹象，也没和哪个女孩走近过，别说是女朋友了，就连同性的朋友也没有几个。

"你说谁家20出头的大小伙子周末不和朋友踢踢球，聚聚餐什么的？他可

倒好，下了班就窝在家里玩手机，我看他玩手机就是拿个枪扫来扫去的，有什么意思？"婶婶一提起表弟，就一脸愁云惨雾。

其实别说是亲妈，就连我这个堂姐看着他心里都有点堵得慌。聚会这么长时间，从头到尾一句话不说，连服务员还能说句"您好""再见"呢，白瞎他一米八的大个子，愣是把自己"静"成了空气。

可是印象中，我那个小堂弟完全不是这样的啊。

🎧 03

堂弟小时候特别喜欢跟我玩，我去哪儿他跟到哪儿，我玩什么他也玩什么。

有一次下雨了，我们几个想撑着雨伞去踩水，都走出门去了，婶婶一嗓子把堂弟喊了回去。我们就站在雨里等，直到听见堂弟在屋子里哭了起来。

我们赶紧回去找他，一进门就看见婶婶拿着个折好的折扇，指着堂弟的鼻子说："我看你再哭一下！"

堂弟看看我们，眼泪憋在眼眶里打转，鼻子里带着哭腔，又不敢哭出来。婶婶强撑出一个微笑对我们说："弟弟不去了，你们去吧！"

这时堂弟急了，终于壮着胆子说了句："他们都去了！"然后就听"啪"的一下，扇子抽在他肩膀上。堂弟不敢顶嘴，说一下抽一下，再到后来，连小声哼哼也不行。"你给我闭嘴！马上闭嘴！"婶婶这句话在我的脑海里特别深刻。

我们逃难一样躲开了那一幕，出去踩水了。现在想想，婶婶可能是不愿意让堂弟下着雨往外边跑，我们当时要是留下来，可能会让堂弟好受一点，但是婶婶那凶神恶煞的气场，我们哪里敢多待一会。

那天踩水回来，一进门看到堂弟坐在家里看电视，是他最喜欢的小龙人，但是他面无表情，只是呆呆地看着，我们回来了也不知说什么好，就坐在他身边，场面相当尴尬。

现在，他真的闭嘴了，但真的是婶婶所期望的吗？

04

总是听到家长们抱怨孩子不听话，你说东他偏向西，你指南他偏打北。我很想问一句：他说话，你听了吗？

每个孩子小时候都是个小话痨，在你忙得焦头烂额的时候像只苍蝇一样嗡嗡地围着你转，在你从幼儿园接他回来的路上像只麻雀一样叽叽喳喳，在你急着让他闭眼睡觉的时候他还迫不及待要和你分享一些无聊细碎、无关痛痒的小事。在你给他提要求时他还会据理力争地为自己争辩，以至于你不得不搬出家长的威风镇压他，因为……他说得还真有道理。

设身处地地想一想，如果你饶有兴趣地和别人分享一件事，但对方反应冷淡，你下次还会跟他说吗？如果你受委屈了跟别人诉苦，他反而劈头盖脸地指责了你，你下次有事还会找他倾诉吗？如果对方冤枉了你，你想争辩几句，但是对方却拿身份来镇压你，让你闭嘴，你表面上服从了，但是打心眼里还看得起他吗？

孩子也一样啊！

不是孩子不愿意跟你说话，每个孩子在童年时期最依赖的就是父母，他最想倾诉的对象就是父母，只是很多父母对孩子的回应让孩子不愿再开口说话，不愿再和父母沟通。

他怕被冷落，也怕受伤害。就像我那个堂弟一样，说了会挨打，说了会痛，那就索性不说。

**((05))**

孩子其实是一个很被动的群体，他们只能全盘接受父母给予他们的一切。孩子没有任何沟通技巧，只会纯粹地表达，而这种表达可能是说话，可能是哭，还有可能是发脾气，只可惜，家长们没有读懂孩子的语言，渐渐地让孩子失去了沟通的欲望，让孩子放弃了和父母交流的念想，也让他们慢慢地拉开了和父母之间的距离。

沟通是双向的，你不曾好好地听他说话，他怎会心服口服地听你说话？你三番五次地让他闭嘴，又怎能奢求他在成年后愉快地表达？

聪明的家长会跟随孩子的节奏，让他成就自己的世界。愚蠢的家长会让孩子跟随自己的节奏，去塑造他的世界。

后者往往输得很惨。因为他最终发现，孩子的世界不但没按你塑造的那样去发展，而且连他自己本真的世界也毁了。

请珍惜你身边的那个"小话痨"，好好地听他说话。因为，小时候不让孩子说话，长大后，他将与你无话可说！

# 你还在跟孩子做交易吗

🎧 01

几天前我带月宝去朋友家玩，朋友的女儿小菲一看到月宝就拉着她到自己的新书房去参观，原来朋友为了庆祝女儿成为小学生，特意为她布置出了一个书房。

我跟着进去看了看，发现书桌上方有一张表格，上面写着：自己收拾书包、自己检查作业、自己叠被子、晚上早睡觉……

每一个项目后面都贴上了几朵小红花，小菲说，集齐了50朵小红花就可以找妈妈要一件礼物。

月宝见到了，拉着我说："妈妈，你也给我小红花吧，我也会自己叠被子啊！"

还没等我说话，朋友就对我摆了摆手，低着嗓音对我说："千万别搞这个，我就后悔了，现在我每次让小菲去做一些事，她都会问我：'有小红花吗？'"

"你看！"朋友指着那张表格对我说，"下面这些项目，比如收拾碗筷、打扫卫生、玩游戏不超过半小时……全是她自己加上去的。如果我说不奖励小红花她就坚决不做。我看这孩子越来越功利了！"

**((02))**

朋友这样一说，让我想起了一个高中同学，她从小学习很好，长得也很漂亮，各方面条件都挺好的，就是不结婚。

前几天在街上遇到她爸，叔叔居然还认识我，他说："你们几个同学关系一直不错，以后帮我劝着点，只要她结婚，我就给她陪嫁一套房子，再陪辆车！"

好笑的是，我跟同学提起这件事，她说："我已经跟家里摊牌了，只要别再催我结婚，我每个月给爸妈一万元养老金，每年带他们出国旅游一次。"

我羡慕之余也不免感慨，有一种无奈的亲子关系叫作我们之间只有交易！

**((03))**

亲子关系是世界上最亲密的关系之一，但是很多家长很迷茫，明明那么爱孩子，毫无保留地为孩子付出，一心把孩子教育成才，却为何会换来孩子的敌对和怨恨？

其实，很多时候，正因为我们太想把孩子教育成功，无意中使用了不恰当的方法，你以为自己是在管教孩子，其实是在和孩子做交易。想一想，你是否用以下四种方式和孩子谈判过呢？

·奖励机制（形式如：如果你做到……我就给你……奖励。）

如果你能认真写作业，我一会让你玩半小时游戏；

如果你期末考到班里前十名，我就带你去旅游；

如果你乖乖去上辅导班，我就给你买玩具。

这是我们最常用，也是最爱用的一种方式了，既能帮孩子养成良好的习惯，达到我们的要求，又可以让孩子因为得到奖励而高兴，双方皆大欢喜。

这种奖励机制短期内是有效果的，可是时间久了，就会像小菲妈妈那样出现困惑：孩子变得越来越功利，越来越不主动，一旦奖励没有了，那个好习惯顷刻间就会土崩瓦解，苦心塑造起来的好孩子形象分分钟被打回原形，这是怎么回事？

还记得有这样一个故事：

有一位老人住在一个小乡村里，他家附近有一些十分顽皮的孩子，他们每天追逐打闹，吵得老人无法好好休息。

在屡禁不止的情况下，老人想出了一个办法：他把孩子们都叫到一起，告诉他们，他很喜欢热闹，如果他们每天到他房子附近来玩、来闹，就给他们一些报酬，而且谁叫的声音越大，谁得到的报酬就越多。

孩子们很高兴，每天都来玩耍、吵闹，索要报酬，但是后来，他给的报酬越来越少，孩子们心理很不平衡，不再卖力吵闹了，直到最后，老人一分钱也不给了，孩子们一赌气，再也不到他家附近来玩了。

从此老人过上了清净安逸的生活。

佩服老人智慧的同时，你有没有发现？我们也经常做类似的事。

用奖励把孩子应该做的事变成一种有回报的付出，直到改变了孩子做事的内在动机，为了得到奖励而去完成任务，一旦奖励没有了，目的性就消失了，孩子也不愿意再主动去做他们应该做的事。

所以，奖励机制的结果只会适得其反：让孩子变得懒惰，行事被动，自我约束能力差，做事没有成就感，找不到自己内心真正的需要，不能自我激励。

·惩罚机制（形式如：如果你敢……我就……）

你要是再跟我犟嘴，今天你就别吃饭！

你要是再玩游戏，我就把你的零用钱都没收了！

你要是再见到邻居不打招呼，我就把你的玩具扔了，犯一次，我扔一件！

打招呼和扔玩具有什么关系呢？但是，很多家长就是喜欢拿这种不相干的事来惩罚孩子，或者用孩子喜欢的事物来要挟他们。

我清楚地记得我上小学时，有一次班里7个同学忘戴红领巾，全都被班主任停了体育课，在办公室里抄数学公式。

在老师面前不敢说什么，但是下了课7个同学全都在背后抱怨：凭什么呀？！没戴红领巾回家去取就好了啊！凭什么停我们体育课，凭什么要抄那些数学公式啊！

此举倒是让他们记住戴红领巾的事了，但是也让他们从此瞧不起班主任，并且深深地恨上了数学。

惩罚孩子贵在就事论事，不要用那些不着边际的手段去要挟孩子，否则就不是教育，而是交易。利用孩子喜爱的事物让他们付出心痛的代价，来达到惩罚的目的，只会让孩子产生三种结果：

1.孩子会非常反感父母，口服心不服。

2.孩子忍痛割爱，放弃自己喜欢的东西，但是坚决不改，最后鱼死网破，两败俱伤。

3.孩子学会和父母周旋，用其他手段得到自己想要的东西，但是错也会继续犯下去。


· 投资机制（你要为我的付出负责）

前几天，一个朋友说她的儿子小小年纪得了抑郁症，而且他眼前经常出现幻象，随便走进一间屋子，就会看到屋子里到处都是书桌。心理医生建议孩子休学一段时间，但是她不同意，说现在都快小升初考试了，怎么能在关键时刻掉链子。

这位妈妈说自己是全职太太，一心扑在孩子的学业上，这些年带孩子上课，陪孩子读书，费了不少心力，孩子成绩一直不错，本来觉得自己的付出挺值得的，没想到孩子在节骨眼上得了这么个病。

她带着孩子到处寻医问药，焦急的心情溢于言表。

这位妈妈话语中传达出来的紧张和压力让我很不舒服，我甚至可以对孩子的抑郁感同身受。

的确有很多家长在为孩子全心全意地付出，但是这种付出背后有一种隐形"契约"在，即"我辛辛苦苦都是为了你，你必须做出个样子才对得起我，你现在能有这样那样的成就都应该归功于我。"

这些话家长虽然嘴上不说，孩子却时时刻刻能感觉到，这种隐形"契约"比前面两种交易都可怕。因为孩子潜意识里会觉得被利用，被投资，压力重重，家长口口声声说为他们好，但他们却感觉不到父母的爱，也没有任何自我价值感，像一个傀儡一样苟活，误把父母的期望当成自己人生的目标，得不到自己想要的生活，一生都徘徊在痛苦与迷茫之中。

· 替换机制（用物质代替陪伴）

有时候，孩子要求父母陪他们玩一会，家长是这样说的：

"不是给你买了那么多玩具吗？去，自己玩去！"

"妈妈要忙工作，工作挣了钱才能给你买好吃的，对不对？"

看似逻辑毫无瑕疵，但却是一种实实在在的交易，即用物质去替代陪伴。在这种交易中孩子非常被动，看似得到了补偿，其实失去了和家长的亲密互动这种非常宝贵的经历。

曾经听过一个故事，非常发人深省：

爸爸下班后，孩子扑到爸爸面前，问爸爸工作一个小时能赚多少钱，爸爸觉得这种问题太无聊了，打发他到一边玩去，但是孩子紧紧跟在爸爸身边，一直追问他这个问题，直到爸爸随口说道："20元。"

孩子噔噔地跑回房间，拿了20元零花钱出来，说："爸爸，我给你20元，你能不能不工作，陪我玩一小时游戏？"

父母对孩子的陪伴无可替代，孩子不需要那些高级玩具，只想和你在一起亲亲抱抱，他们也不需要什么昂贵的礼物，只希望你在身边。如果经常用物质和充满爱意的陪伴做交易，孩子会慢慢变得冷血，价值观倾向于物质享受，贬低自我存在的价值，而且他们未来的亲密关系也会受影响，认为爱一个人不过就是要给他最好的物质条件。到时候，你可别怪他送你去世界上最好的养老院！

**◖04◗**

以上四种教育方式可以说都是交易，这些交易可能在管教孩子的时候为你出力不少，效果显著，但是也会深深地伤害到孩子，在他们的心里埋下不健康的种子，留下后遗症。如果真的爱孩子，请停止做这些亲子交易。

如果你想奖励孩子，不如直接给他一个欣赏的目光；如果你想惩罚孩子，就单纯就事论事说出你的不满，明确指出问题的严重性。

孩子不是我们命运的延续，他们只是借由我们的身体来到这个世界上的独立的生命，所以，我们有幸守护着一个生命，该珍惜和他们在一起的每分每秒，何须将自己的命运和他们捆绑在一起，给他们沉重的期望？

真正的教育是爱，爱不是任何手段，而是一种本能！

# 教育孩子，请走一些"弯路"

## 01

前几天有个朋友跟我说，她11岁的儿子快期末考试了，但是老师反映，他学习不是很上心，作业经常不写，最近的一次模拟考也在班里倒数第四。

平时都是她辅导孩子功课，最近她忙，也没顾得上孩子，而她老公呢，就是个隐形爸爸，对孩子的成绩从来不闻不问。

昨天他们两个商量了一下，觉得必须重视对孩子的教育了，于是晚上就找孩子谈，但结果非常不好。孩子非常不服管，没谈两句就和爸爸吵起来了，爸爸一气之下动了手。

孩子哭了一晚上，第二天说什么也不去上学了，她急得像热锅上的蚂蚁，跑来问我怎么办。

## 02

其实我特别害怕遇到这样的求助者。平时对孩子的教育不是很尽心，给孩子的温暖不够，到了关键时刻又想迅速拿出自己的威严，寻求一个好结果，哪有那么便宜的事！

大家都喜欢走捷径，但是唯独教育，最怕的就是走捷径。

为什么我说这对父母在走捷径呢？他们去找孩子谈，这是个很好的开始，但是怎么谈的，将直接影响谈话的结果。

问都不必问，他们一定和孩子说了诸如此类的话：

"今天老师找我了，说你考试成绩都快在班里垫底了。"

"最近我总接到家校通，说你不好好写作业，你看XX天天被表扬，次次考一百，而你呢，一被点名就是挨批。"

"爸爸妈妈工作这么辛苦，你怎么就不能让我们省点心呢？"

"你还想上吗？不想上就别上了！"

这种谈话句句都是否定和批判，谁听了都会不舒服。孩子也一样，别说平时不热络的亲子关系，就算你和孩子铁得像哥们一样，这样的谈话后，他也会和你"恩断义绝"的。

所以，孩子反抗很正常，家长再气急败坏地上手去打，结果肯定是弄巧成拙，不谈话还好，一谈就会谈崩了。

🎧 03

怎么办呢？不如我给你们讲一个聪明爸爸的解决办法吧！

有一个14岁的少年，上中学后开始叛逆，每天幻想着去当赛车手，成绩一路下滑到了班里的中下等。

他爸爸知道后，没有直接对他提要求，而是跟他打了一个赌，他说："你崇拜的赛车手曾经考过零分，而你却从来没有，不如你考个零分来，从此我就不再干涉你的学习！否则，就按我的要求去做。当然，前提是不能交白卷，不能空题，不能逃考。"

孩子心想，这太容易了，不就是瞎写吗！怎么错怎么写，零分还不好考吗！

可没想到的是，第一次考试后，孩子灰头土脸地拿到了一个C。

你以为孩子中了爸爸的圈套，从此爸爸要严加管教了？不，爸爸继续鼓励儿子考零分，什么时候考到，什么时候自由。

在我们看来，这爸爸下了一步险棋，这简直是必输之赌啊！一次考试意外蒙上几个答案是偶然，但是次次考试都成功地避开正确答案，实在太轻而易举了。但是我们可能没想到，在孩子不知道什么是正确答案的时候，他是很难避开正确答案的。

为了考零分，孩子不得不好好看书，从而选出错误答案。终于，一年后，他成功地拿到了第一个零分，因为卷子上的题他都会做啊！

爸爸拍手称快，好好奖励了一番这个考零分的孩子，他说："你现在应该懂得了，有能力考A的孩子才有能力考零分。"

没有责骂、没有唠叨、没有胁迫，一切都在爸爸的计划与掌控中，欲擒故纵，轻松搞定。

这是个真实的故事，这个足智多谋的爸爸就是著名作家刘墉。那个考了零分的儿子就是刘轩，后来成为哈佛大学硕士、波士顿CitSep音乐指导及剑桥WllRBD电台制作主持人和作家。

这只是刘墉教育儿子的一个片段，却可以给我们带来很多启发。

**04**

我们在教育孩子的时候，总是特别直接，总是会把自己的要求直接提出来：

你最近学习成绩太差了，你得努力啊！

你作业写完了吗？没写完赶紧去写！

你琴练到一小时了吗？还差五分钟，赶紧去练！

直接提要求，效果肯定不好，你见过有谁在谈判的时候直接亮自己底牌的？通常不都是先和对方约个饭，探探对方的底线，琢磨下自己的方案，然后再找到最佳的方式，慢慢引导对方进入自己的"套路"里吗？

对待单纯的孩子，"套路"大可不必这么深，但是也要避免单刀直入。

教育，不能走捷径，必须走"弯路"。这个弯，要绕到孩子的心里，顺从孩子的心智，最重要的还是要让孩子在这条"弯路"上看到绝美的风景，也就是，要让他们感到快乐，觉得他被要求去做的事是美好的。就像刘墉鼓励孩子考零分，实质也是在谈学习，但表面上却是一场游戏。让孩子轻松参与，又动力十足。

一位妈妈曾经跟我说过，她孩子早上出门总是磨磨蹭蹭，逼得她每天早上都要动用"狮吼神功"，结果是把嗓子喊哑了，孩子喊哭了，孩子还是磨磨蹭蹭，而且还常常因为孩子哭闹而浪费更多时间。后来她改变了对策，每天和孩子比赛穿衣服，谁第一个穿好衣服出了门，谁就是冠军。孩子每天都能赢，站在门外对着"手忙脚乱"的妈妈哈哈大笑。

问题解决了，没用什么特殊的方法，只是动了些脑子，走了些弯路。所以，当你在教育孩子遇到了坎坷时，不妨也试着走一些"弯路"。

# 怕输的孩子，长大后也赢不了

## 01

月宝小时候最爱和爷爷玩。

满地的动物卡片，我说动物名称他俩找，谁先抢到算谁的。爷爷眼花，动作慢，再加上谦让孙女，基本上月宝找出二十几个，他手里也就两三个。月宝看着爷爷一脸挫败，开心得不得了。

爷爷累了，就换我，月宝百般不情愿，她当然明白，跟我玩，赢的可能性不大。当然，我也会让着她，只不过和她比分咬得很紧，她有四个，我有三个，她有六个，我有七个。

总之，我会提醒她：赢，不是一件简单的事。

## 02

这个道理，我也是20岁以后才懂的。

在学校里，我一直是那种在"好学生"魔咒里泡大的孩子，不怎么刻苦学习，成绩就维持在上游，也因此自视甚高。

出了校门，走进社会，进入竞争激烈的职场，我顺理成章地成为眼高手低、自命清高的职场菜鸟。

自以为人生开始了辉煌的篇章，却没想到等待着我的是一次次惨败。为了逃避失败，我不停地换工作，觉得没有一份工作真正适合我，直到在社会上撞得头破血流。

终于有一天，我静下心来检讨自己，才发现问题不是出在别人身上，而是出在自己身上。在"好学生"魔咒里泡大的孩子，潜意识里会认定自己高人一等，觉得自己在任何时候都应该比别人更厉害才对。可惜这个逻辑一定会在未来的成人世界里漏洞百出。

不敢面对自己的失败，不愿承认别人比自己强，就会在人际关系上处处受阻。不愿承认别人的优势，不甘落于人后，就会生出诸多抱怨，让自己浑身充满了负能量。

我是太晚才懂得，失败很正常，我们太渺小。你以为命运在捉弄你，其实命运根本就没把你放在眼里。

与此同时，我也意识到，对于一个孩子来说，太顺风顺水，没经历过什么失败，真不是什么好事。而过早体会过失败滋味的孩子，未来人生赢的可能性更大。

🎧 **03**

2016年3月，世界围棋冠军李世石对战谷歌研制的智能机器人AlphaGo，最终以1：4的成绩惨败。

19岁的棋士柯洁发了一条微博："就算阿尔法狗战胜了李世石，但它赢不了我。"

当时，网友们还不熟悉这个口出狂言的少年，在网友们的狂轰滥炸下，柯洁终于亮出一份惊人的自我介绍，并称自己是"棋渣"。

柯洁在2017年真正挑战AlphaGo之前，曾经在《朗读者》上坦然地承认，自己并不确定是否能赢。

目前，在围棋界，他能站到人类的巅峰，但是智能机器人的成长是飞速的，今年与去年相比，已是不可同日而语。何况，机器人在一天内可以下上亿盘棋，而人的一生最多也就下两三万盘棋。人类其实根本不是智能机器人的对手。

他知道如果输了，很多人会拿那条微博说事，但是当董卿问他："你怕输吗？"他却说："不怕，怕就会输一辈子。"

2017年5月23日，这个中国天才棋手柯洁第一次挑战AlphaGo，耗时4.5小时，交战289手，柯洁仅输了1/4子。作为一个只有20岁的天才少年，虽败犹荣。

我们喜欢把这样的少年称作天才，因为我们喜欢把一个人惊人的成就归因于天分。但是你一定想不到，柯洁曾经就像他自谦的那样，是个"棋渣"。

柯洁6岁和父亲学棋，7岁开始拜师，他第一次与师父郑一兵下棋时，连输几盘，一再要求重来，郑一兵看上他不服输的劲，就悉心培养，柯洁每次输棋后都用心钻研，进步令师父咋舌，直到力不从心，建议他去北京学棋。

在北京，所有的棋艺班里柯洁年纪最小、底子又薄，每每和同学对战，从无胜出。

参选国家少年棋队的时候，前两年稳坐倒数第一第二，但是第三年，他却以第一名的成绩夺冠。

而此时，网上一个叫"潜伏"的小棋手也终于曝光，四年来，他在网上下了4033局围棋，最多时一个月172局，平均每天6局。原来天才棋手的诞生并不是天赋异禀，而是源自一股不服输的狠劲外加海量的练习。

每个孩子都有求胜的欲望，再小的孩子也会因为拼不好一块积木而气急败坏，但是有的孩子会在失败中越挫越勇，有的孩子则会自暴自弃，造成他们之间的差别是什么？

2016年8月，在里约奥运会的400米自由泳比赛中，孙杨卫冕失败后，当场大哭。看到这一幕，不知道你有什么感想？会不会觉得他脆弱？觉得他丢人？

如果不是孙杨，换作是我们的孩子呢？当孩子很小的时候因为做不好一件事，自己和自己着急，哭闹发脾气的时候，我们会怎么对待他？

"别哭了，这点小事至于吗！"

"你是男孩子，男子汉要坚强，哭哭啼啼的多没出息。"

"别吵了，烦死了！我数三下你给我闭嘴！"

我们太急于消除孩子因为失败而导致的负面情绪，殊不知负面情绪如同流水，堵不如疏。

在那场比赛中，孙杨在摄像机面前大哭，毫不避讳地宣泄自己的难过，但是哭过之后，他又重整旗鼓，自信满满地去迎接新的挑战，在随后的200米自由泳决赛中逆转摘金。

输了不可怕，可怕的是不能面对自己的失败，不敢面对失败时所产生的负面情绪。

**《04》**

美籍亚裔心理学家安吉拉给自己的儿女们立过一个家规：不要在感觉糟糕的时候立刻结束。遭遇挫折的那一刻就立即放弃，可能意味着错过最棒的时刻。

这个理念与斯坦福大学心理学教授卡罗尔德维克提出的"成长型思维"不谋而合。成长型思维是一种与固定型思维相对立的思维模式，固定型思维认为人的心智是固化的，不能改变的，但是成长型思维认为人的心智和能力会随着年龄的增加、经历的增多而不断地进步发展。

拥有成长型思维的孩子不怕失败，因为他们知道，眼前的困难只是暂时的，而他们的能力会不断增强。

成长型思维的孩子关注自己能力的提升，而不会过分在乎结果的成败，越是受挫，越是感觉糟糕，他们越会加快行动，去寻求进步的方法。

所以，培养孩子的成长型思维，才能让他们成为输得起的孩子。在这个过程中，父母需要做好以下几点。

一、帮助孩子正视因为失败而导致的负面情绪

失败很让人沮丧。这时候，告诉孩子，作为家长，你特别理解他的沮丧。在孩子伤心失落愤怒的时候，陪着他，和孩子分享一些自己曾经失败的经历，和他分享你曾经的感受，让他知道，因为失败而导致一些负面情绪是正常的，我们不必逃避，我们要学会和这种悲伤的感受在一起。

## 二、帮孩子树立积极的胜负观

告诉孩子，失败很正常。每个人在成长中都不可能成为永远的赢家。世界那么大，高手那么多，我们总会遇到比我们更出色、更厉害的角色。鼓励孩子为胜利去努力，但不要过分看重结果。这就要求我们自己首先成为不怕输的家长，不要因为孩子一点点的退步，小小的失败，就束手无策、兵荒马乱。

## 三、让孩子感受到你的支持

孩子失败已经很难过，有时候家长还会雪上加霜，用"别人家的孩子"来加重孩子的自卑感，用惩罚来加重孩子的挫败感，用失望加重孩子的罪恶感"

正确的做法是，站在孩子身后，让他感觉到你的支持，而不是站在他面前，让他感受到你在施压。告诉孩子，失败，没什么可怕的！只有敢于面对失败的孩子才能成为未来真正的赢家！

就像粉丝支持柯洁时说的那样：

赢了，我们一起狂；输了，我们一起抗！

# 爱、宠爱和溺爱有什么区别

01

前几天有朋友问我，爱、宠爱和溺爱有什么区别？感觉有点分不清楚。

解释这个问题之前，我想先说件事情，尽管有点悲惨。

我所在公司附近有条小河，河不宽，但挺美，春天波光粼粼，冬天会结冰。

去年深冬，有个爸爸带孩子来河边钓鱼，他们在冰面上砸了个窟窿，把鱼竿支在岸边。孩子不过9岁，钓着钓着觉得有些无聊，想到冰面上去滑冰。爸爸便带着他向河中央滑去，但是还没滑几步，冰"咔"的一声裂了……

公司的地点有些偏僻，附近来来往往的人不是很多，路人发现他们的时候，冰面上已经裂开了一个很大的窟窿，看起来有过挣扎，有过攀附，但是薄弱的冰层不足以撑起一对父子的重量，最后爸爸不但没能救起儿子，自己也溺亡了。

很多人事后评论，在惋惜的同时也都谴责那个爸爸，这么薄的冰能上去踩吗！孩子不懂事，大人也没有安全意识吗？！

02

玩水的确是件挺危险的事，我断然是不敢一个人带孩子去游泳池的，只敢在那种室内的戏水馆扑腾两下。

有一年夏天，我带月宝去室内戏水馆，看到这样一个场景，一个3岁左右的小男孩，哭着喊着要进去玩水，姥姥和妈妈两个人便带他进去了。

馆内要求只能一名家长陪同，这个姥姥好说歹说一定要和外孙子一起进去。当时玩水的人不多，安全员便同意了。

进去后，妈妈和姥姥两个人把孩子放在一个鸭子形状的橡皮船上，推着孩子在水面上走，孩子皇帝一样往船上一坐，姥姥和妈妈左膀右臂地守护着。

后来孩子坐腻了，想下来玩水，但是妈妈和姥姥两个人一左一右拉着孩子的手不放。虽然孩子倒是想玩什么，妈妈就让他玩什么，只是两只手被两个大人揪着，我在旁边看起来，都觉得有些束缚感。想来那孩子也没能尽兴。

不过，看到那孩子躺在橡皮鸭子上优哉游哉的样子，却让我想起小时候老爸带我去游泳，有一次我看到旁边的孩子坐在救生圈上，让爸爸推着走，我便也要求坐在救生圈上。

我爸就把我抱上去，我躺在救生圈上，闭上眼，阳光晒在我的眼睑上，身体随水面上的微澜轻轻晃动，特别舒服，特别惬意。过了一会，我爸便对我说："下来吧，总这么躺着，就学不会游泳了。"

我清楚地记得，我学游泳的时候爸爸用手托着我，又不给我力量，我只能依靠自己踩水往前划。但是每当我要下沉的时候，就感觉底下总有一双手能保护我，托我一把，所以也不至于特别害怕。

上面这三件事，刚好可以解释这三种爱的区别。

**03**

什么是溺爱？

"溺爱"中有一个"溺"字，和溺水一样，里面带了些危险成分。不分青红皂白地依顺孩子、满足孩子，凡事以孩子为先，唯孩子独尊，本身就是件危险的事。

就像那对溺水的父子，孩子要到河中央去玩，但是爸爸却不判断一下可行性，不给他讲明利害，不加制止，结果就酿成了惨剧。

网络上曾有这样一起事件：一名时尚女子驾宝马轿车与路边一个修车师傅的自行车发生剐蹭，遂下车要求赔偿，后因师傅弄脏了她的衣服而破口大骂，并打电话给父母求援。

女子的父母赶到后，非但不规劝，反而帮着女儿辱骂并殴打修车师傅，要挟对方赔钱。恼羞成怒的修车师傅，以回去拿钱为名，抽身找来了一把西瓜刀，三下两下结果了这一家三口。

无条件地纵容孩子，不是成全，而是陷害。

孩子懵懂无知，不知深浅，为人父母总该教给孩子一些为人处世的道理，安身立命的准则，正一正身，修一修心，而不是让孩子由着自己的性子胡来。

孩子要吃糖，就让他想吃多少吃多少，但是长了虫牙，却是孩子自己受罪。

孩子不想上学也由着他，想上就上，不想上给点钱让他出去玩，但是若干年后孩子连个养活自己的本事都没有，最后还是孩子自己吃苦。

孩子顶撞父母，顶撞长辈，目中无人，唯我独尊，你不教育他，最后总会有人替你狠狠地教育他。

溺爱不是爱，而是"作"。让孩子由着自己的性子放肆疯长而不加管教，他早晚要吃亏，要碰壁，要堕入万劫不复的深渊。

🎧 04

什么是宠爱？

宠爱和溺爱有点像，都是毫无节制的满足孩子。只不过宠爱比溺爱多了一些"糖分"。被宠爱的孩子是泡在蜜罐里长大的，就像室内戏水场里那个被姥姥和妈妈全程陪护的孩子，看起来绝对是幸福的，但是慢慢却会失去自我成长的能力。

我有一个同学，从小深得爷爷奶奶宠爱，她要一本书，爷爷给她买10本，她要一条裙子，奶奶给她买10条。上学时，她永远有最新款的手机，有最潮的名牌鞋。和她在一起，你会发现，原来人与人之间的差距可以那么大，你想要什么都需要亲手去创造，而有些人，伸一伸手，就什么都有了。

但是，这种境况在我们成年后发生了反转。先是找工作，她因为各种嫌累、嫌远、嫌钱少而不停地换工作，最后实在找不到满意的干脆就在家啃老。后来是恋爱，她因为太娇气、太矫情，和哪个男友都相处不到三个月，最后因为一次分手竟然还差点自杀。

那些被宠爱着长大的孩子，在年少时锦衣玉食，不沾风露，成年后却一副羸弱的身骨，经不起任何风雨，毫无抗打击能力，无法应对生活的种种挑战。

360度无死角的守护，不是爱，是宠爱。孩子必须在缺憾中学会珍惜，在伤痛中学会坚韧，在探索中学会成长，在失去中学会争取。

不敢让孩子吃苦的父母，不可能是成功的父母，你只一味为他奉上生活的甘甜，实际上却是将困苦填满了他未来的岁月。

**05**

到底怎样才是爱孩子呢？

其实爱的方式有千千万万种，但是无论怎样说，怎样做，爱都应该是那样一双手，如同我们在学游泳时托在我们身下的，或者环抱在我们周围的一双手。

那双手会在你快沉底的时候托你一下，也会在你跌倒的时候拉你一把。有那双手在，让你不至于感到害怕，但是有那双手在，也不会让你感觉能依赖，或不自由。

有一次我在超市看到一个孩子为了要一个飞机模型，坐在地上哭闹打滚。这种情境，实在是不少见。一般情况下，家长会有两种选择，一种是说："好好好，买买买，就这一次啊！"还有一种就是置之不理，任凭孩子怎样哭闹，都置之不理。

其实，这两种都不是爱的表现（虽然第二种挺管用）。

我就看到过一个妈妈，她半蹲下来，静静地看着哭闹不止的孩子。孩子刚开始哭得歇斯底里，但是看到妈妈没什么反应，哭声就小了下来。这时，妈妈对他说："今天这玩具不能买，上次买完你看都没看就扔了……"这时孩子又开始哭，妈妈还继续看着他，直到他再次安静下来。

妈妈继续对他说，为什么这次不能给他买，并且要求他把已经有的那些玩具整理好了再买新的，而且只能买自己特别喜欢的，不能见什么要什么。她还说："如果你想哭，可以继续哭，我陪着你，但是这个飞机模型今天不能买。"

后来这个孩子并没有继续哭下去，而是你一言我一语地和妈妈协商起来，并保证自己回家一定收拾玩具。

玩具没有买，但是母子俩手牵着手走远的时候，孩子也很愉快。

## 06

一个成功的家长，往往既能不失体面地护住自己的原则和底线，又能让孩子修正自己的行为，同时还能给孩子以希望，并指明努力的方向。这本事，靠的未必是什么机智和手腕，却一定是出于对孩子恰到好处的爱。

恰到好处的爱，不会像溺爱一样逾矩，也不会像宠爱那样无度，它总是以孩子的成长为目的，教孩子做正确的事，指引孩子成为最好的自己。

养育孩子的过程，是一个麻烦不断滋生的过程，不过每一次麻烦出现，都是孩子和家长成长的契机。

下一次，在面对问题时先想想，爱会怎么做？

# 管教孩子前，先让他感受到你足够的爱

((01))

"孩子不听话，你要打。"

第一次听到这句话，来自我儿时的邻居孙先生。他是个军人，经常不在家，但是只要在家，就是孙小陈同学的噩梦。

隔着墙壁，我总能听见他发号施令一般地对孙小陈同学进行军事化教育，不过一度我竟然觉得孙先生挺帅的。

因为孙小陈同学实在不是个省油的灯，他撕坏过我的故事书，踢坏过我们堆的雪人，还用树枝划伤过胖雨辰的脸……不管大家玩得多高兴，只要他一出现，必定以某个孩子的眼泪收场。

但是，孙先生在就不一样，孙小陈不但不敢造次，而且基本不能出门了。很多次，我在家里吃饭或看电视时，就听到孙小陈和爸爸起了争执，结果被暴打。

刚开始听着有点解恨，后来有点心惊胆战，再后来，我竟然担心起孙小陈来。孙先生一米八的个子，给孙小陈一脚，他还不废了？

孙小陈的妈妈说："小陈从小脾气急，吃饭时勺子掉到地上要哭，积木堆不好要闹，要什么东西不给买，立刻就躺在地上打滚。但是，他在爸爸面前却不敢撒泼，爸爸瞪个眼睛，立马就乖顺了。"

可惜，这种乖顺只是在孙先生眼前，只要孙先生一不在家，小陈就像脱缰的野马，开始为所欲为。

有一次，我听到孙妈妈恐吓他说："你再这样胡闹，等你爸爸回来，看他怎么收拾你。"

孙小陈回了一句："等我长大了，看我怎么收拾他！"

## 02

我和一个同学珍提起孙小陈，说："你知道吗？我那个邻居，他发誓长大后要收拾他爸爸。"没想到，那个同学跟我说，她也曾有过这种想法。

那时她妈妈逼她学古筝，特别枯燥，而且古筝曲节奏偏慢，小孩子不是特别喜欢。她练古筝，从来没感觉到有多美多优雅，她就觉得像受刑一样。所以，她练琴，每天都泡在泪水里，但是她不练，妈妈就又骂又打，也不让她玩别的。

她当时就咬牙切齿地发誓：现在你剥削我，长大后，我一定要连本带利地讨回来！

后来，小陈和珍有没有得益于父母的管教呢？好像并没有。

小陈学业一直不顺，在学校三天两头惹祸。前不久，听说他因为家暴，老婆跟他离婚了。

珍后来学业也不太顺，最重要的是，她古筝考过四级以后，就再也没碰过，她没有报复妈妈，只不过结婚后离家很远，一年回去一次，平时电话也打得很少，感觉没有什么话说。

🎧 **03**

每个家长都遇到过摆不平孩子的情况，每到那个时候，我们都会羡慕那些管得住孩子的家长。可是有的家长管得住孩子，把孩子教养得很好，但却慢慢发展得和孩子势不两立。

看上去，他们的手段也没有什么区别啊！那么差距到底在哪里呢？后来我发现，那些教育成功的家长，其实是提前做好了一件事。

曾经有一位长者王先生，跟我介绍过他教育儿子的经历。

孩子11岁时，有一次上课不服管，顶撞了老师几句，被请了家长。王先生在学校没说什么，只是带着孩子给老师道了歉，但是回到家一进门，脸色立刻就变了。

他说他一进门，从腰上抽出皮带，一下子抽到孩子屁股上，左三下右三下，隔着厚厚的衣服，孩子身上被抽出了好多条红道子，那孩子也是有血性，非但不哭，而且一声不吭。

那阵仗，听起来和孙先生"照顾"孙小陈没什么两样。

王先生教育起儿子决不手软，但是他也曾对我们说过，教训孩子可以，但是一定要以爱为先。你对孩子有一分的教训，前提要有十分的爱做铺垫。

王先生爱孩子是出了名的，他对孩子付出的心血绝不亚于一个为孩子温饱殚精竭虑的母亲。他不管工作多忙，一定会在周末前把事情处理完，只要在家，就会把时间留给孩子，做到全心陪伴。

他经常和孩子一起看书，一起踢球，一起逛超市，儿子24岁了，他还和儿子一起晨跑。他说很多教育都是在生活中的这些经历中完成的。

但是，不管你对孩子进行什么样的教育，前提是你要让孩子知道，你是爱他的。

一个不停说教的家长，会让孩子反感；一个热衷控制的家长，会让孩子叛逆。

但是最最重要的原因是，家长的说教和控制，不是没有以爱为出发点，而是没有让孩子感觉到爱。

你说你是爱，但是孩子没有感觉到，那么，这爱不但没有营养，而且可能是砒霜，将孩子的心灵毒害至深。

**(( 04 ))**

孙小陈同学小时候是顽皮了一些，但是顽皮不过是男孩子的天性，如果孙先生不是在偶尔见到儿子的时间里给足了他暴力和压制，他也未必会在成长过程中破坏力恣意生长，越来越有暴力倾向。

珍的妈妈让她学古筝完全是一番美意，但是珍没有感受到，她感受到的是自己不过是妈妈的一个工具、一个傀儡，去帮妈妈撑门面，去实现妈妈的梦想。

孩子很敏感，常常会误解父母，也许有的父母真的没有搞清楚自己是真的爱孩子？还是只把孩子当成一项成就，一份作品，一个工具？如果没有真心地爱孩子，那换来孩子的恨意和疏离并不足为怪。

也有的父母是真的爱孩子，但方法不对，就像王先生说的，教育之前，没有把爱做到位。给了孩子一分爱，却妄想对他进行十分的教育，孩子定然不会照单全收。

做饭讲究火候，火太小，饭不熟，火太大，饭就煳了。管孩子如同做饭，也需要把握住火候，给孩子的管束太少，孩子就不成器，但是给孩子的管束太多，他的灵性、人性就会彻底被烤干了。

爱如水，什么时候加，该加多少，掌握得好才是父母的真本事，才能对孩子进行成功的教育。

所以，别再抱怨自己教育失败，孩子不服管教，先想一想，"让他足以感受到你的爱"这件事有没有做好！

# "妈妈，我很笨吗？"

### 01

朋友Sunny的儿子3岁时，她发现儿子有点儿笨。

那是幼儿园一次面向家长的公开展示课。先是一个热闹的开场舞，所有的小朋友都跳得很好，只有她的儿子小灰站在原地，全程玩手，完全搞不清楚状况。

接下来是活动展示，传球的时候，小朋友把球递到小灰手里，他拿着球一脸茫然，最后还是被老师推着跑到了下一个小朋友面前，结果拖慢了整个队伍的进度。

歌谣背诵的展示就更不用说了，老师为了"规避风险"，压根就没有安排他表演……

### 02

其实孩子小时候，Sunny又何尝没发现儿子有一点点笨呢？走路比别人晚，反应比别人慢，别的孩子不到1岁就可以喊爸爸妈妈了，他直到2岁才开始说话。Sunny近40岁才生了小灰，所以她总是问我，小灰智商有点弱弱的，是不是和她高龄产子有关系？

据我所知，每个孩子发育的速度都不一样，很多孩子小时候说话晚，但却是超智力的前期发育阶段。爱因斯坦也是到了3岁才会说整句话，著名数学家、哲学家庞加莱小时候也被认为太笨太傻，彭罗斯上小学时因为跟不上老师的节奏曾被安排在座位较差的区域。所谓的"贵人语迟"应该也是有一定道理的。

只是我把这些言之凿凿的事实摆在Sunny眼前时，怎样看都像是安慰她，尤其是她把小灰送进幼儿园后，在其他孩子的对比下，看着小灰呆呆傻傻的样子，Sunny完全无法告诉自己说，小灰的表现就是一个天才该有的样子。

### 🎧 03

为了鼓励小灰，Sunny常常在他做好一件小事的时候就大张旗鼓地表扬。

4岁的时候第一次自己独立吃饭，

5岁的时候第一次在纸上写出一个"人"字，

6岁的时候完整地拼好一整块拼图，

……

Sunny高兴地对儿子竖起大拇指，好像他做了什么了不起的事情。

看着孩子为了这么点小事而沾沾自喜，Sunny说，她心里涌现最多的不是安慰，而是心疼。她还是对自己的孕龄耿耿于怀，她表情黯然地对我说："如果因为我的原因，没有给孩子一个先天超强的大脑，那么但愿能在后天给足他自信！"

但是这个"自信"很快就不攻自破了。

小灰上小学二年级的时候，有一天晚上临睡前，他突然对Sunny说："妈妈，同学们都说我很笨，我是很笨吗？"

Sunny呆住了，这就是她最担心的事情，孩子在家里，我们可以把他保护得很好，不管是身体上还是精神上，都尽量不让他们受伤，但是孩子进入社会后，其他人的眼光却是犀利的，其他人的评价也是非常客观的，小灰很笨，就是很笨，谁还能帮着家长瞒天过海呢？

就像这次，体育课上老师教跳绳，跳绳而已啊！谁不会呢？偏偏小灰就不会。老师一点一点地用分解动作来教他，教了10分钟，小灰都跳不过去，同学们在旁边笑得前仰后合……

我能够想象小灰当时的受挫和无助，其实不止是小灰，Sunny作为他的妈妈，又何尝不会常常感到受挫和无助呢？

但是Sunny告诉小灰说："小灰，你不笨，你只是和别人不一样。"

**04**

我们每个人都和别人不一样，别人有的长处我们可能没有，别人轻易能做到的事，我们也未必能马上做到。

在成长过程中，你会发现，很多人是在夸赞声中长大的，从某种程度上来说，他们是幸运的，因为他们可以迅速融入周围的环境，达到外界的要求，得到赞美和奖励。但是那不代表他们是对的，而你就是错的，也不代表他们是优秀的，而你就一定是差的。

世界上有各种千差万别的动物，鹿有鹿的矫健，鹰有鹰的犀利，大象有大象的粗壮，蚂蚁有蚂蚁的力量，我们每个人也都一样，虽然都生而为人，却各自有各自的本领，各自有各自的特质，也各自有各自的力量。

当你受到任何人的质疑时，别担心，你只是和别人不一样！

接触的世界越大，外界的声音就越多。我们成长过程中面临的最大挑战就是学会屏蔽掉外界的评价，安守自己的内心。

我们不需要和别人比较，不需要成全流言蜚语，更不需要为了别人而改变自己。请记住，你是你自己，不要去做别人，就做你自己！

你不比任何人差，只是和别人不一样。别人得到的东西，你也可以得到，而且可能会得到更多，只是需要的时间会比别人长。

如果你在海边观察过那些海鸟，你会发现，当海浪拍过来的时候，小灰雀拍打两三下翅膀就会迅速升入天空；而海鸥却显得缓慢而笨拙，它们从沙滩飞入天空需要很长的时间，但是你知道吗？真正能飞跃大海的不是灰雀，而是海鸥。

海鸥不比灰雀笨，它只是和灰雀不一样。

亲爱的孩子，你慢慢会懂得，成长中最可怕的事，不是别人看不起自己，而是自己看不起自己，不是别人放弃了你，而是你自己放弃了自己。

所以，不要怀疑自己，请相信每个人都得天独厚，每个人都各怀绝技，人生的路只要慢慢地走，你终将是那个走得最远的人。

**((05))**

Sunny 对孩子说的话让我很感动，这不是什么励志"鸡汤"，而是来自一个母亲在无数个自责反省的夜晚，殚精竭虑的为孩子寻找出路的过程中得到的智慧和启示。

从那以后，Sunny夫妇经常利用周末的时间带小灰出去跑步、跳跃、骑行，以此来锻炼他身体的协调能力，小灰的爸爸还经常带他一起打球，训练他的反应速度。

也许和其他孩子相比，他还是反应慢，整个人的气质仪态也是憨憨的，但是小灰一直在按照自己的节奏成长着、进步着。

不久前，小灰的一副水粉画被放在学校橱窗里展出了，他的笔触很浓重，下笔也很有力，整幅画的感觉笃定而安然，我也为此感到激动和欣慰。

也许Sunny无法把小灰培养成一个出类拔萃的孩子，但是她一直在守护孩子的这份笃定和安然，让他按照自己的步伐行走，慢慢成长。不得不说，遇到Sunny这样的母亲，是小灰最大的幸运。

最近听Sunny说，小灰上体育课时最喜欢的运动是跑步。我笑了，想起了电影里那个执着奔跑的阿甘。

孩子，跑吧！

即使跑得不快，跑得不远，即使没人喝彩，但我们都会在跑道边默默地注视着你，尤其是你的母亲，在她目不转睛的注视和陪伴下，你的人生将一往无前。

世界不会辜负任何一个努力奔跑的孩子！

加油！宝贝！

# 第四章

# 让孩子像孩子那样长大

孩子终究要自己长大，

你可以助力，却无法代替。

慢下来，看他静静地发芽、成长，

终有一天，

他会到达你永远无法想象的远方。

# 孩子真的会长成你希望的样子

我家对门有一个男孩小久，和月宝差不多大，平时鲜见他出来玩。若不是因为住对门，经常碰面，小久和月宝根本没机会认识。

这几天早晚温差大，听说小久病了一场，长达半个月没去幼儿园，周末下午，便难得遇到小久被爸爸带出来放风。

月宝一看见小久，便跑到他面前，拉他一起玩，可是小久不爱动，面无表情。

这时身边的爸爸发话了："去和姐姐一起玩吧！"

小久往月宝身边迈了一步，却不知道该怎样玩。

月宝和其他几个小朋友在小久身边逗留了一会，就跑远了。小久不追，就在爸爸身边站着。爸爸拿出准备好的粉笔，在地上画起了"跳房子"，画好后，爸爸对小久说："跳第一个格子。"小久便跳第一个格子。"跳第二个格子。"小久便跳第二个格子。跳到尽头，爸爸说："180度转身跳！"小久便空中转体180度，稳稳地落在格子里。

好一个训练有素！

我忽然想起两年前小久奶奶说的话。两年前小久才2岁，奶奶抱着他出来晒太阳，邻居们凑过来打招呼，说这个孩子怎么不常见？小久奶奶说，我们家家教比较严，小久爸爸小时候也不常放出来玩。

我也依稀记得小久爸爸说的话，他说男孩子必须从小就管好了、管服了，不然长大了就管不了了。如今看来，小久爸爸做到了。

## 🎧02

虽然我们在育儿过程中经常遇到障碍，觉得孩子一点也不听话，一点也不服管，但是事实上，孩子还是会慢慢变成我们希望中的样子。

我有个初中同学，女生，长得比较胖，但是她特别喜欢芭蕾。她曾经说，虽然我这辈子跳不了芭蕾了，但我一定会让我女儿跳。

可是很不幸，后来她生了个儿子。

我们都说，你这辈子的芭蕾梦只能靠生二胎来实现了。但是她立刻发过来一个视频，我们这才发现自己太落后了。

视频中，她7岁的儿子身穿芭蕾舞服，腰背笔挺，由老师带着，旋转、跳跃，我们这才发现，原来男孩跳芭蕾也可以这么好看。

如果这个男孩没有遇到我同学这样的芭蕾控妈妈，他现在也许就是公园里每天骑着自行车追来追去的男孩儿之一，但是现在，他的童年甚至未来的人生都可能和芭蕾脱不了干系。

观察一下身边的孩子，就会发现，孩子受父母的影响是相当巨大的。

兮兮妈准备让孩子初中毕业就出国留学，兮兮在4岁时就学会了英语，可以和外国人进行简单的交流。

瑞瑞妈主张女孩应该当男孩养，未来的各项能力才能得到发展，瑞瑞便真的每天和男孩泡在一起，疯跑、打闹、爬高、跳墙。

丛丛爸喜欢摄影，每年寒暑假带丛丛到各地旅游，丛丛爸朋友圈晒出的丛丛的摄影作品还真的像模像样。

我从不刻意培养月宝，也很少在她面前看书，但是她依然继承了我爱看书的习惯，而且敏感、好奇、自由散漫、内心戏特别足。

没有程式化的调教，只有潜移默化的影响，孩子真的会受父母意识的引导，越来越接近父母的想象。

## 🎧 03

我有一个堂姐，今年满40岁了，还没嫁人。每年亲戚聚在一起，其中一个重要议题就是给她介绍男朋友。

我伯父问我："你说你姐姐怎么不会谈恋爱呢？"

我心想，那还不是您老人家害的！

我还记得，堂姐小时候，伯父从来不让她看言情剧，她就只能看看什么《西游记》啊，《封神榜》啊……《家有仙妻》已经是极限了，琼瑶剧在家里绝对禁播。

我堂姐就那么听话吗？当然不是！

有一次她把卧室门插上，躲在屋里看小说，我伯父"砰"地一脚把门踹开了，一看她看的是《魂断蓝桥》，当场就把书给撕了，学校图书馆的书啊！听说堂姐赔了三倍的书钱，还让班里扣了一分，就差这一分她们班就没评上三好班集体。

有一次一个男生给她打电话问道数学题，结果伯父抢过电话说："有问题明天问老师去！"然后"啪"地一下就把电话挂了。

因为这个爸，堂姐没少得罪人，后来还有男生奚落她说，你说你又不是校花，你爸有必要这么防着吗？表姐受到的伤害可想而知。

伯父只是希望堂姐不要早恋，该学习时学习，该恋爱时恋爱，可惜后来事情并没有按他计划中那样去发展。

因为伯父不只是防堂姐早恋，而是在堂姐的心里播下了一颗种子：爱情都是可耻的，见不得人的，男生都是有害动物，会耽误你、影响你、伤害你。

所以，堂姐后来恋爱困难重重，一点也不奇怪。

**((04))**

我们经常会在孩子心里播下种子，这些种子可能是我们的爱，我们的恨，我们的空间，我们的局限。于是，你在哪些领域开阔，孩子便可以在哪些地方翱翔，你在哪些地方禁足，孩子便会在哪些地方受阻。

以前有个朋友给我讲过一件事，她说她看过一个国外的实验视频，实验员把刚生下来的小猫装进各种形状的玻璃瓶子里，然后封上口，每天从一个小洞里给小猫喂食，小猫除了吃饭和呼吸，不能与外界有任何接触。

小猫渐渐长大了，它们的身体逐渐装满瓶身，但是因为受瓶子的空间所限，小猫的骨骼便会按照瓶子的形状生长，等小猫长到一定年龄，把瓶子打开，取出小猫，会发现小猫的身体有了瓶身一样的独特造型。

这真是一个非常残忍的实验！以至于我一想象这个画面就不寒而栗。我不知道他们做这个实验的初衷是什么，但是用来形容我们的教育再贴切不过，而且细思恐极。

孩子真的会长成我们希望中的样子，但是，这真是一个美好的结局吗？如果父母是孩子的瓶身，但愿我们不追求瓶身的形状，只求它更大一点！

# 内向的孩子，嘴上没话，心里有光

总是听到一些家长说，我家孩子哪哪都好，就是太内向。也总有一些朋友问我：孩子太内向，应该去参加一些什么课程呢？

我给大家讲个真实的故事吧。

我上小学时，班上有一个女生琳，她除了和我说话，其他人一概不理。她理我，只有一个原因，因为我是她的同桌。

有时候老师让同桌一起讨论问题，有时候同桌一起做实验，总之都是些不得不开口的时刻，她才和我说话。这已是难得。更多的时候，是看到其他同学走过来，让她交作业什么的，她根本不说话，连头都不抬。

很少有人能听到她的声音，即使是老师叫她回答问题的时候，她站起来，先是要沉默近1分钟，这1分钟里，我能清楚地看到她握着书的手在抖，不是因为怕，而是在用力。

你能想象吗？一个人居然要用那么大的力量，才能把胸膛里的那句话推出来，哪怕只是一个选项，也像打枪一样，酝酿许久才爆射出一个"D"。

后来，我和琳说话渐渐多了起来。有一次她告诉我，她妈妈带她去看医生了，医生说她得了失语症。我们不懂那是什么意思，但是我们俩都大笑起来，像是用一个骗局把大人戏弄了一般。

**◖02◗**

时间推到8年后，我在大学宿舍里收到一封信。

一位多年不见的老同学辗转找到了我的联系方式。她在信中告诉我说，她现在读了自己最喜欢的广告设计专业，她现在是班长，经常在系里组织活动。现在的她已经不像以前那样不敢说话了，她现在能言善辩，每天都很燃很励志，组织起活动来毫不怯场。用她自己的话说，就像基因突变了一样。

没错，她就是琳。

从那以后，我们一直保持着书信往来，在那段充满迷茫和困惑的青葱岁月里，她给了我很多鼓励和启发。我也常常暗自感叹，一个在儿时被称为"有些呆傻""不会说话"的孩子，其实内在有那么深邃的思想，有那么丰富的感情。

琳毕业后去了北京的一家广告公司做设计，因为视角独到，设计风格很出众，频频被大的公司挖走，几年内工资翻了好几倍。

去年，她辞掉工作，和朋友开了一家广告公司。有一次我去找她，正好赶上她在开会，隔着玻璃门，我看到琳侃侃而谈、气场十足的样子，再想起儿时那个"患了"失语症的同桌，不由得微笑起来。好像是一部电影，有个氤氲的开头，却落了一个光明的结尾，让人满意。

**03**

琳能和我走得这么近，也许不止因为我们曾是同桌，而是我们气场相合。没错，我小时候也是个内向的孩子。小时候的我，从不和陌生人讲话，一是没有安全感，二是觉得没必要，三是因为胆小。

遇到高高大大的长辈，我不敢上前打招呼；看到别的孩子在一起玩，我不敢上去凑热闹；老师找同学回答问题，还没叫到我名字，我心里就开始打鼓。我被誉为全班最不爱说话的女生。

我厌嫌过自己的懦弱，厌嫌过自己的敏感，也厌嫌过自己的郁郁寡欢。但是后来，就像琳一样，那些内在的、让我不敢开口说话的特质最后成就了我。比如，因为过于敏感，每次来访者在向我讲述他们的故事时，我都可以全然地把自己代入他们的场景，感同身受，这样才能真实地体会到他们的情感，帮助他们找到问题的症结。

**04**

所以，现在看到同样内向的月宝，我也不会觉得怎么样。

她不像别的孩子一样心直口快，也不像别的孩子一样口若悬河。她上课的时候，回答问题声音小得可怜，宛如当年的我。

就连到了淘气堡里，她也不是玩起来就酣畅淋漓的那种，而是喜欢站在一旁观察别人。

她和小朋友们在一起玩，是那种很被动、很安静的类型，但是回到家，她却可以清晰地向我描述每个孩子的穿着，每个孩子的言语，每个孩子的性格。

孩子的内心世界并不一定比成人小，即使他什么也不说！

所以，每次有家长问我，孩子太内向了怎么办。我只想说，没关系，我们可以给他提供接触人群的机会，但是他有选择自己独处的权利。

独处，并不意味着孤单，并不意味着他以后无法交际。

谨慎，并不意味着胆小，并不意味着他永远唯唯诺诺。

内向，非但不是某种能力欠缺，反而是内在丰盛的体现。

所以，请好好珍爱你身边那个内向的孩子，不要逼他开朗，不要怪他安静，更不要给他贴上"没礼貌""不懂事"的标签。

内向的孩子，嘴上没话，心里有光！

放心吧！只要他们在成长过程中得到过足够的尊重，只要他们内心积累到一定程度的力量，只要到了他们觉得自己可以驾驭这个世界的时候，他们就一定能像我的朋友琳一样，发出属于自己的最强音！

# 孩子打了我一个耳光

🎧 01

有一天下午，月宝睡得不太尽兴，起床的时候带了些起床气，好好地搭了个积木，自己不小心撞倒了，就又踢又踹，满地打滚。

我拉她起来，她顺势把火撒到我身上，一阵乱拍。我抓住她的双手，她挣扎开，一个巴掌甩到了我脸上，啪！她给了我一记响亮的耳光。

我和她同时愣住了。

一个声音对我说："这什么行为？大逆不道啊！连亲妈都敢打，还打在脸上，这还了得？这得管！得非常非常严厉地管教一下！"

我用力地把她从地上拉起来，迫使她站在我面前："你胆子大了是吧？敢跟妈妈动手了！"

她一扭身想跑，又被我抓回来："你今天必须跟我承认错误，否则晚上就不要吃饭了。"

她脖子一梗，小声嘟囔道："不吃就不吃。"

"你再说一遍！"

"不吃就不吃！"她声音大了起来。

被顶撞后的愤怒、不被尊重的屈辱感和面对熊孩子时的无能为力凝聚成一团火，"噌"地从我胸膛直窜到头顶："好！你不喜欢这些积木是吧？那我把它扔了！"

我起身收拾她的玩具，作势要把它们扔了，月宝上来抢，抢不过就站在地上哇哇大哭。

我拎着她的积木，示威般地站在她面前："赶紧跟我道歉，现在还来得及！"

"对不起。"

"不行，声音太小！"

"对不起！"她大喊，随即哭得泣不成声。

我放下她的玩具，在这场母女较量中，我赢了！我想她以后再也不敢顶撞我，甚至打我了。但是，她真的打心眼里懂得尊敬我了吗？她真的明白自己哪里做错了吗？还是她只是在威胁面前暂时选择屈从于我？这真的是我要的最好的结果吗？

我低头摆弄着地上的积木，脑子里百转千回，月宝在离我一步之遥的地方，又重新搭好了积木，她时而抬眼看看我，时不时地发出一些细小的哼哼声，企图引起我的注意。

我在自己的脑海里导演了这么一场激烈的冲突，她显然无法察觉，但是我想，此刻的她心里也未必如她表面这般平静。

对！我没有教训她。没有拉她，没有训斥她，没有逼她向我道歉，没有企图扔她的积木……我什么都没做。

时间回到她打完我耳光的那个瞬间，我们俩愣住了。我在她的眼睛里看到了转瞬即逝的两样东西：惊讶以及懊悔。

她惊讶，因为她没有想到会一巴掌打到我脸上。她懊悔，但是为了保全面子，她选择了无动于衷。

这两样东西触动了我，不知道为什么，我想顶着不管教孩子的骂名，冒着她会得寸进尺的风险，选择相信她。

## 🎧02

月宝自己从地上爬起来，继续若无其事的玩积木，我在她身边坐了一会儿，就去忙自己的事了。晚上，我们该吃吃，该说话说话，好像什么都没有发生过一样。

晚上，我哄她睡下，她闭上眼睛，差不多快要睡着了，但是却突然睁开眼看着我说："妈妈，我想跟你说一句悄悄话。"

"什么悄悄话？"

她趴到我耳边说："对不起。"

我心中一喜："为什么说对不起？"

"因为我打了你。"她摸着我的脸问，"还疼吗？"

"脸不疼了，但是心还在疼，不过你刚才说完那句悄悄话，心也不疼了。"

"妈妈，我不是故意想打你的。"

"嗯，我知道，但是你觉得那样乱发脾气对吗？"

"不对，"她嘿嘿地笑着，又在我脸上亲了一口，"妈妈，我最爱你了！"

我抱着钻到我怀里的月宝，心里大呼"好险"，如果当时那些冲突真的发生了，我们现在一定不会这样紧紧相拥了。

那些冲突并不是我天马行空的想象，在我们的生活中，那样的情景并不少见。

有一次在路上我看到一个妈妈在教训孩子，发生了什么事情不知道，我们姑且认为是孩子有错在先，总之那个妈妈气坏了，站在孩子面前居高临下地呵斥孩子。

孩子不听，妈妈气呼呼地掉头就走，孩子追上去，对妈妈又拉又打，妈妈将他推了一个趔趄，他不示弱，继续扑回来，妈妈也急了，对着他的屁股啪啪就是几下子……

这对母子撕扯一路，空气里充满了一个女人歇斯底里的尖叫和一个男孩的号啕大哭声。

还有一次在地铁里，一个爸爸低头玩手机，旁边的孩子无聊，想到处走走，他一起身就被爸爸按下来，但不到半分钟后他又尝试着起身，爸爸一边压制着他，一边严肃地威胁："再动我就打你啦！再动我就不要你啦！"但是毫无作用。

终于，那男孩再一次想起身走走的时候被老爸捉回来，一巴掌打在肩头，爸爸用食指指着他的鼻尖说："我看你再敢动一下！"

男孩不敢动了，眼睛里充满了怨气，眉头紧锁，鼻子里不服气地哼哼着，直到这哼哼声也被老爸严厉的目光瞪了回去。

每当见到这样的情境，我的脑海里总是浮现出一句话："大部分人在面对批评和指责的时候，第一反应不是反省、自责，而是反抗。"孩子因为心地单纯，不加掩饰，在这一点上表现得尤其明显。

所以，一个叛逆、喜欢和家长对着干的孩子背后，一定站着一个热衷控制的批判型家长。

**◖◖04◗◗**

孩子从小到大会不停地犯错，每次看到孩子犯错，我们心里都有很深的挫败感，觉得自己没有管教好孩子。但是犯错才是成长，没有人可以永远踩着真理前行。

有时候我们急于纠正孩子的过错，一方面是为了证明自己是一个优秀的家长，另一方面是我们不相信孩子可以自己认识到错误，并主动改正。

不相信孩子能意识到打人是不对的。

不相信孩子能主动变得有礼貌。

不相信孩子成绩差了，能主动激发出上进心。

不相信孩子做错了事，会懊悔和反省。

不相信孩子会自然而然地长成一个好人。

所以我们会事无巨细地对孩子耳提面命。先讲道理，讲不通就批评，批评再不管用就用威胁或武力来征服。

但是把孩子管服了，他就真服了吗？

任何教育里如果带了强制镇压的成分，一定见效快，但是副作用大。所以，这些看起来很威严的父母常常以管得住孩子为荣，却会收获一个很糟糕的亲子关系。

其实有些事情你不说破，真的比说破了的力量还要大。因为每个孩子都有自我净化能力，他们会认识到自己的错误，会慢慢生长出自己的是非观念，然后矫正自己的行为。

**◖05◗**

有个朋友曾经和我提起她上学时的一件事。

因为上中学时比较贪玩，她的成绩有一段时间急速下滑，有一次开家长会，班主任把她妈妈留下了。她在办公室外面等着，10分钟的时间像过了10年那么漫长。

妈妈终于出来了，她忐忑不安地跟在妈妈身后，为了应对妈妈的批评，她已经打好了腹稿，准备了无数条理由来为自己成绩下滑开脱。

但是，回家的路上，妈妈一句话也没说，到了家里，照例给她做好吃的、好喝的，照例往她碗里夹菜。

晚上睡觉时，她一钻进被子就偷偷哭了，从那以后，她特别努力学习，成绩很快提高上来了。

很久以后，她问妈妈当时为什么不批评她。妈妈说，道理你又不是不懂，我何必再跟你说？

是啊！天底下哪有不懂事的孩子呢？他们本身就懂的道理，家长再来说，再来强制执行，只会起反作用，让孩子越来越叛逆。最后不但起不到教育的作用，还弄得亲子关系剑拔弩张。

06

老子言："行不言之教。"教条式的督教永远比不上潜移默化的引导。"道法万物"，孩子作为大自然中的一部分，定会遵从自然成长的规律，我们何须拎着他们的耳朵拔苗助长呢？

我曾经无意间听到两个4岁小女孩的对话，特别好玩：

"你知道洋洋（指一个2岁的小女孩）刚才为什么推你吗？"

"因为她想和你单独玩。"

"她不敢跟你玩，因为你上次对她太凶了。"

"可是她上次把咱们做的城堡都毁了。我要保护咱们的地盘。"

"她太小了，还不懂事，她只是想和咱们一起玩……你以后别对她凶了，她就喜欢和你玩了。"

"那好吧！"

是不是很有意思？孩子真的比咱们想象的聪明、懂事多了。作为家长，我们只需要该出手时再出手，大部分时间，只需要袖手旁观就好。

# 对孩子伤害最大的父母，是特别着急的父母

**((01))**

昨天晚饭后，带月宝出去散步，看到公园里有个妈妈在教孩子滑轮滑。孩子看起来是刚接触轮滑，穿上鞋就紧张得不行，死死地拉着妈妈的手。妈妈一边试图松开手，一边大叫着："眼睛向前看，别看脚下！""身子站直了，别倚着我！""两只脚蹬地，蹬地啊你！"……

我们走出好远了，还能听到那位妈妈的叫嚷声，月宝怯怯地问我："那个阿姨为什么那么生气啊？"我说："可能是小姐姐不会滑轮滑，妈妈比较着急吧！"

在孩子成长的过程中，我们一般扮演的都是特别着急的父母。看孩子弹钢琴，恨不得她一遍能弹对；看孩子写作业，恨不得她一笔也别写错。只要孩子不能按部就班地完成他们的任务，我们就很容易气急败坏。

**((02))**

为什么父母在面对孩子时，总是特别着急呢？其实是因为没搞清楚这三件事：

一、孩子不了解你所了解的

我们知道1+1=2，2×4=8，但是孩子并不知道啊！我们特别容易犯的一个

错误就是，我们会用自己的眼光去看世界，而且不由自主地默认为孩子也会看到同样的世界，其实并不是。

就拿写汉语拼音来说，孩子可能经常分不清b、p、d、q这四个字母，你会觉得"天哪，我教了这么多遍，甚至还找了窍门给她：正六b，反九p，怎么还是记不住？"其实，如果仔细观察过孩子小时候写数字就知道，还"正六b，反九p"呢，他们连6和9都会经常写反。

这根本不是粗心的问题，也不是学习不上心的问题，而是，孩子们的视知觉能力还没发育好，他们根本无法辨别清楚一些很相似的字或字母，甚至他们眼睁睁地看着书去抄写，落笔时也会变成另一种样子。

这种情况随着孩子的成长，会慢慢改善，变得正常，但是我们却急于给孩子扣上做事马虎，不认真的帽子，实在是冤枉了孩子。

孩子不了解你所了解的。包括什么东西不能碰，什么东西不能吃，什么事情不能做这些问题。家长最该做的不是一上来就给孩子制订各种规则，把这个世界原封不动地呈现给他，而是要在确保他人身安全的前提下，尽可能地让他去尝试，去接触，去了解，去试误，去建立他自己的认知体系。

二、孩子不一定喜欢你所喜欢的

孩子的价值观和我们是不一样的。我们觉得穿运动鞋舒服，那是因为我们穿过一整天的高跟鞋，知道脚痛，但是孩子审美意识刚刚萌发，她们就是觉得有亮片的皮鞋比较拉风。

我们觉得邻居家的小孩五六岁了还不识字，跟他玩没什么出息，但是孩子觉得那小伙伴活泼开朗，脑袋里总有鬼主意，有趣得很！

我们太想把自己的经验和价值观灌输给孩子，太想让他们直接跨过人生的很多必需的体验，直接上道，变成"好孩子""好学生"，结果只能适得其反。因为体验是每个生命的本能，每个人都只有通过体验，亲尝一下人生百态，生活的酸甜苦辣，才能慢慢形成自己的价值观。孩子不喜欢你所喜欢的，以爱之名给孩子建议只能吃力不讨好，我们要知道，就算是他要穿红上衣和绿裤子上街，那也是他的权力。

三、孩子不信仰你所信仰的

不知道你们有没有收到过父母发来的养生文章呢？自从我教会了老妈用微信，她几乎每天都给我发一条养生文章，它们的标题大都是这样的：

《23岁女主播心梗猝死，年轻人养生不能太晚！》

《筷子的九大禁忌，赶紧发给家人看看》

《按一个穴位，颈椎就不疼了，转发一次，救人无数》

每隔几天，老妈还会电话监督："我给你发的那些你都看了吗？"

"没有。"

"怎么不看？！我给你发就是让你看的。"

……

如果你也被家里的老人用这样的微信文章"轰炸"过，你一定能理解：老人家是好意，全心全意地把他们认为的最好的东西推荐给你。但是在你看来，那些东西不但没什么用，甚至还很滑稽。

孩子与家长的冲突，90%都源于信仰和信念的冲突。孩子不信仰你所信仰的，也许暂时不会，也许一辈子都不会。但是这并不妨碍他会成长为一个很健康，很快乐，很强大的人。

家长太着急，只是因为孩子没有按照我们理想的节奏去做事，没有按照我们理想的样子去生活。当然，也有很多来自外在的压力，逼迫着我们必须推动孩子跟上世界的主流。但是世界越是匆忙逼迫，我们越要让孩子慢下来。

前不久去朋友家吃饭，她家刚满2岁的孩子一见到大人上菜，立刻自己爬上宝宝椅，端端正正地坐好，全程不但不用大人照顾，自己吃得有模有样，不挑食不忌口，还会模仿大人的样子说："吃菜吃菜。"把大家逗得不行。

我们问朋友，怎么把孩子调教得这么好的？她说，哪有调教！怠惰如她，平日里根本就是自己追剧，由着孩子在她脚边摸爬滚打，吃饭时哪里会喂？哪里会给她立什么规矩？给她穿上一件罩衫，让她随便折腾去吧！话说那件罩衫我见到了，油污满身，已经根本洗不干净了。

可是偏偏歪打正着，这样一个"懒"妈妈养出来的孩子不但自理能力特别强，而且特别聪明，又懂事，又乖顺。

这就奇怪了，我们明明对孩子更煞费苦心，更殚精竭虑，但是孩子好像还真没有这么厉害。单是一个吃饭难的问题，就经常把我们急得想要撞墙。

你有没有想过，我们错就错在了太想让孩子迅速踏入正轨，太想让他们迅速变强大。这种迫切的心情会导致我们看不惯他们的一些稚嫩的行为，比如穿衣服时磨磨蹭蹭，吃饭时一片狼藉。于是我们会喂饭，要求他们在饭勺递到嘴边时乖乖张嘴，我们会哄睡，要求他们在规定的时间内必须睡着，我们会打断他们的探索，直接教会他们各种技能。我们甚至会引导他们树立各种理想价值观，而等不及让他们先认识自己。

🎧04

很多父母痛心于，我如此挖心掏肝对孩子，全力助他成长，只为他有大好前程，孩子不但不领情，不理解，不感谢，反而和我对抗。其实，让孩子按照他自己的节奏长大，才是最重要的！

很多放养的孩子之所以更成熟，更独立，正是因为在成长过程中没有被过多指导，调教，他们不受父母限制，才有机会自己去探索、去受挫、去成长，在自由成长的过程中得到了许多技能。而那些被管教过多的孩子，心智都被父母的呵斥和焦虑情绪占据了，根本无法得到施展和发挥。

其实，养孩子本是一件水到渠成的事，我们却在养孩子的过程中投放了太多的精力，各种殚精竭虑，各种谨小慎微，不但苦了自己，也扼杀了很多孩子自己成长的机会，完全是在拔苗助长。怪不得英国精神分析学家温尼科特说："对孩子影响最糟糕的妈妈，就是着急的妈妈。"

我们越着急，孩子压力越大，当孩子开始对抗，开始不配合，开始怨怼你时，该惩罚的不是孩子，而是应该反观自己，是不是我们太着急了？

人生最重要的任务不是按部就班地活成一个社会人。人生最重要的任务是体验，在自己的体验中，丰富自己的经验，成就自己的价值观，才能活出自己独特的价值。能够活出自己的孩子，才能成为最幸福的人。

所以，不要做着急的家长，不要剥夺孩子的体验，不要纠正孩子对这个世界的诠释，有些事，终究要孩子自己去做；有些路，终究要孩子自己去走；有些关，终究要孩子一个人去闯。在我们可以陪伴他的时候，我们只要做到默默陪伴就好。毕竟，从容才是家长给孩子的最好的礼物。

# 请相信，每一个天使都自带光芒

🎧01

几天前，幼儿园老师发给我们一张暑假兴趣班报名表，课程有钢琴、舞蹈、英语、朗诵、轮滑、跆拳道……很多家长接了孩子不回家，站在幼儿园门口商量：

"你给孩子报哪个班？"

"要不咱们两家一起报舞蹈班吧，女孩子学舞蹈有气质。"

"报跆拳道吧！这年头，女孩子能防身最重要。"

"听说小2班的琪琪皇家少儿英语班都毕业了，现在都可以直接和外教对话了。"

说实话，一向主张顺其自然的我听完最后一句话也动摇了。

人家孩子都能跟外教对话了，我家孩子连ABCD还不认识，这以后还能跟得上吗？

我把我的担心和月爸说了，他没吭声，只是给我讲了个故事。

曾经有一个孩子沉默内向，3岁多了还不会说话，9岁说话都很吃力，他不喜欢社交，从不参与孩子们的游戏，他不玩孩子们都喜欢的玩具，好像对任何事物都不感兴趣。

他唯一喜欢的是久久地蹲在灌木丛中凝视蚂蚁，或长时间地坐在湖边看泛着微光的波纹，抑或仰望夜空，凝视天上的星光……

但是，他的母亲从来不逼迫他，不训练他，只是用欣赏的眼光看着自己的孩子，地放任孩子做他喜欢做的事，让他按照自己的节奏慢慢长大。

这个孩子，就是爱因斯坦。

天啊！我老公居然相信这个！这只出现在励志故事里好吗！

谁不希望孩子能慢慢长大？谁不希望孩子每天都快乐地玩耍？谁不希望自己的孩子也像在加拿大那样上午上半天幼儿园，下午在有松鼠穿行的草地上玩到夕阳西下？

可是，我们在中国呀！千军万马过独木桥的"80后"长大了，他们被允许生二胎了，桥还是那个桥，当年的千军万马又是翻一倍的节奏，能挤得上吗？

孩子小时候不培养，到时候，人家孩子有钢琴八级的，奥数竞赛第一的，跆拳道黑带的，咱家孩子不是连"泯然众人"这最低标准都达不到吗？

🎧02

我们不仅害怕孩子没有一技之长，更害怕孩子有一块短板。

有一天，A妈被告知，A同学不爱说话啊，整天郁郁寡欢。A妈立刻怀疑，是不是自闭症啊？

有一天，B妈被告知，B同学做数学题总因为马虎而出错，B妈立刻担忧，以后老这么粗心酿成大错怎么办啊？

有一天，C妈发现，C同学喜欢唱《感觉自己萌萌哒》，小小年纪喜欢这种歌是不是三观不正的走势啊？

有一天，D妈发现，别的孩子都开始画成型的小动物了，D同学还用画笔大面积地涂色块，她是不是形象思维不好啊？

总之，孩子有一点与众不同，有一点出格，就会引起家长的担忧。

我上大学的时候有一次去拍写真，屋子里坐满了化好妆等待拍摄的年轻少女，一个妈妈在屋子里一边转，一边喊："瑶瑶，瑶瑶，我闺女在哪啊？这怎么长得都一样啊！"满屋子的人都笑了。当时觉得好笑，现在想想，我们每一个家长不是也在做同样的事吗？

每个孩子生下来都是与众不同的，有的孩子喜欢飞机，有的孩子喜欢娃娃，有的孩子喜欢安静地折纸，有的孩子天生就是风一样的女子。

但是这怎么能行呢！女孩子就应该稳稳当当的有女孩子的样子！男孩子动不动就哭，太没有男儿气概了！于是我们用胁迫、奖励、引导的方式，把他们变成了他们应该成为的样子，并对自己塑造的作品满意地点了点头。

我们都喜欢听话的孩子，因为可塑性强啊！不过，你可知道，中学课堂上那些不动声色，老师让抄就抄、让背就背的乖孩子的脸上有多么恐怖的表情吗？他们年轻的面孔上是僵硬呆板的，他们鲜活的生命是没有激情的，他们没有好奇心，没有喜悦感，他们并不快乐。

我们真的需要这样的乖孩子吗？

## 🎧 03

著名的木桶理论告诉我们，决定孩子人生高度的是他的短板，因为短板才决定木桶里面能装多少水。

但是，真的是这样吗？你上学时恶补的那个弱项耗费了你大量的时间，大量的精力，大量的自信，最后你一有机会就甩掉了它。说什么会影响到你人生的高度，它压根就没再出现在你生命里！

你有看过哪个擅长外语的外交家还在算物理题吗？你有看过哪个天才工程师还在电脑前憋作文吗？决定孩子人生高度的是他的长木板，能多长，就让它长多长！

你可能会说，培养孩子的兴趣还是很有必要的。但是，如果那真的是孩子的兴趣，还需要培养吗？孩子本来就有他们自己的兴趣点，只不过他们的兴趣可能只是玩一些瓶子盖，玩一些碎纸片，把颜料倒在水里搅来搅去。

那些兴趣点在我们看来也许不那么有用，但是作为家长，我们除了无条件地支持孩子们做他们喜欢的事，做到不干涉、不打扰，别的忙，我们也根本帮不上。

## 🎧 04

有一个孩子问爸爸：我想去跑步好吗？爸爸说好。于是他们一起跑了5千米。他又问爸爸，我们去跑马拉松好吗？爸爸说好，于是爸爸陪他跑了个马拉松。他又让爸爸陪他去参加铁人三项，爸爸依然说，好，我们去参加。

后来，这对父子成为美国著名的田径组合，他们一起参加了78次半程马拉松赛，64次全程马拉松赛，206次奥运标准的铁人三项赛，6次终极铁人三项比赛。

没有人会想到，这个孩子天生残疾，终生离不开轮椅，他能够创造奇迹只是因为当他每一次想要尝试田径运动时，父亲都义无反顾地选择说：好。

孩子会自然长成他们喜欢成为的样子，作为家长，我们只需要顺水推舟就好。

请相信，每一个孩子都是天使，所有的天使都自带光芒。

# 从无话不谈到无话可说

**01**

晨晨妈最近和晨晨爸吵了一架，导火索是一堂游泳课。

晨晨妈的好朋友是游泳教练，暑期针对12岁左右的孩子开了个假期班，只开课10天，他打电话问晨晨妈要不要让晨晨来参加。

晨晨妈当场答应，随即就给晨晨打电话，让他赶紧从成都的奶奶家回来。结果晨晨一句"不去"就把电话挂了。

晨妈沉默了10分钟，一个电话拨到晨爸那，像只火药桶一样炸了：

"这孩子越来越不像话，敢挂我电话了！这刚放假没两天，就跑到奶奶家去了，天天在奶奶家疯，能疯出什么成绩来？你没看到人家孩子都在外面补课吗？这马上要上中学了，你能不能对孩子上点心……"

电话那头半天没声音，末了才来了句："我看不是孩子疯了，是你疯了吧？"

晨妈趴在办公桌上偷偷地哭了一中午，眼睛都哭肿了，心思却渐渐清楚起来。她不是怕儿子学习不好，而是发现儿子离她越来越远了，这种距离感让她恐慌极了。

晨晨一家生活在北京，奶奶生活在成都，晨晨每个周末都要给奶奶打电话，年龄相差近60岁的祖孙俩，每次都能在电话里聊上一个多小时。

晨晨妈有时好奇，侧耳听听，似乎也没什么特别的事，无非就是他的机关枪有什么功能，他在路边遇到了一只长相奇怪的小狗，爷爷种的花籽发芽了没有……这类细碎的小事。

可就是这些小事，每次都能让电话两端的祖孙俩咯咯地笑个不停。

🎧 02

晨晨与妈妈说话却是另外一副态度，除了回到家时寒暄几句，吃饭时叮嘱几番，剩下的时间，就是晨晨把自己关在书房里写作业，偶尔晨晨妈进去送水果，晨晨头也不抬。与其说他认真，晨晨妈觉得，那更像是冷漠。

可是晨晨小时候，母子之间的关系并不是这样的。晨晨小时候非常依赖妈妈，两岁左右，晨妈去上班，每天早上晨晨都哭着喊着，抱着她的大腿不撒手。晨妈每天下班时，晨晨就像有生物钟提醒一样，巴巴地在窗口等着，只要妈妈一进门，鞋还没换，晨晨就扑上去了。

晨妈只要在家，晨晨就是她身后的小尾巴，就连妈妈去厕所他也要搬把小凳子在门口等着。

晨晨和妈妈有说不完的话，每天像个小麻雀一样，叽叽喳喳个不停。就像现在，晨晨在奶奶面前的状态一样。

晨妈悲哀地发现，晨晨越来越依恋奶奶，而不再依恋她了，就像这个暑假，在家待了没两天，他就嚷嚷着要去奶奶家。他们的这个三口之家，真的就那么无趣吗？

**03**

与晨晨妈类似，最近有一个妈妈和我聊起她的孩子，说孩子已经上高二，马上就快升高三了，却陷入了一场早恋。她觉得早恋让孩子神魂颠倒，让他对学业置若罔闻，她找到我，让我和孩子谈谈。

我问："为什么是我，而不是你自己去谈？"她说，为了孩子学习的事，她和孩子吵了不知多少次，现在孩子已经听不进去她任何话，两人一谈正事就吵。

从小到大，她没有一天放弃过对孩子的管教，没有一天放下过对孩子的爱，但是她却发现，孩子离她越来越远。

龙应台曾说过："所谓父女母子一场，只不过意味着，你和他的缘分就是今生今世不断地在目送他的背影渐行渐远。"侄是，在这场远行中，很多家长悲哀地看到，孩子不是因长大而独立，而是与自己日渐疏离。

想起孩子儿时温软相依的模样，再看看现在亲子关系的剑拔弩张或冷若冰霜，想起昔日的无话不谈，再看看现在的无话可说，很多家长不知道，自己和孩子之间到底发生了什么？

**04**

其实，真正能决定一个女人能不能做好妈妈的，不是她对孩子有多用心，把孩子看得多重要，而是她的教育能力和技巧有没有随着孩子年龄的增长而增加。

孩子在每个年龄段都存在着我们必须面对的课题。

他们刚出生的时候，我们只希望他四肢健全、健健康康，每天吃饱喝足，能吃能睡就行了。

长大一点，该爬时能学会爬，该走时能学会走，该断奶时断奶，该长牙时长牙，我们只希望他们的成长曲线值落在正常范围之内。

孩子上了幼儿园，我们需要关心孩子是否能顺利地融入集体。这时的他们，不是只需要解决温饱就可以，我们开始慢慢培养孩子的情商，教他们如何与别人相处。

上了小学，我们开始关注他的学习，成绩稍微落人之后，我们就开始恐慌，这时候，我们也感觉到为人父母的压力越来越大了。

任何事情都是一样，当你可以胜任的时候，你整个人都是放松清爽的，但是当你不能胜任的时候，从头到脚都会散发出一种焦虑和紧张感。

只可惜，面对自己的这种焦虑和紧张，很多家长没有选择提高自己的教育能力和技巧，而是选择把这种压力转移给孩子。

**{(05)}**

当你发现孩子与你的对话越来越少时，你有没有发现，你们之间的对话，除了应该做的事和不应该做的事，再无其他？

孩子成绩不好，你告诉他不应该再玩游戏，要努力学习。

孩子早恋，你告诉他小小年纪不应该谈情说爱，应该把精力放在学习上。

孩子不听你的话，和你吵架，你告诉他我是你老子，你应该听我的，不应该顶撞我。

应该做的，不应该做的，说得多么轻松啊！但是如果孩子不想听你的，就算你说的那些"应该论"多么有道理，又有什么用呢？

我们总是以为，我们相比孩子有着绝对的经验优势，孩子不经过我们的调教就难以成才。我们往往秉持着过去数十年狭隘的年资与感觉良好的自我价值观，在孩子们的启蒙认知上铺天盖地地设下假设，设下限制，而抹杀了让孩子们自我探索这个真实世界的机会。

**🎧 06**

让孩子实现自我，让孩子快乐，很多父母不是不想，是不敢！

回想一下孩子儿时学走路的时候，你有没有紧张兮兮地告诉他该迈哪条腿？他第一次用勺子吃饭的时候，你有没有严厉地纠正他拿勺子的方式不对？他和你说起他研究了什么新式武器的时候，你有没有评价他幼稚无聊？

那时候的你，为什么不焦虑？因为你知道，他是孩子，他所经历的一切都是他必须经历的生命过程！

但是现在的你为什么焦虑？唯一的原因就是你不相信你的孩子可以像他童年一样，靠自己的双腿晃晃悠悠地站起来，你不相信孩子可以做出适合自己的正确的选择，你不相信孩子可以顺利地走过叛逆期、青春期。

其实，你不是不相信孩子，你是不相信自己。

小时候孩子学走路，快摔倒了时你可以扶他一把，但是现在，面对孩子生活中出现的各种问题，你慌了。你不知道在他快要摔倒的时候，你能不能接住他，所以，唯一的办法就是不让他尝试。

这就是为什么，家长的教育能力、教育技巧和眼界格局要随着孩子的成长而同步增长。

如果你做不到同步，就注定会开始对孩子打压和控制，以此来消除自己内心的焦虑，但是同时，也会把压力转移给孩子，让孩子不想面对你。于是，原本良好的亲子关系，会在一方居高临下的打压控制和另一方的反抗逃避中弱化、敌对，好好的父子母女最后连朋友都做不了。

孩子遇到问题不可怕，糟糕的亲子关系才可怕，如果想要保持密切的亲子关系，就必须让自己成为一个有力量的妈妈，一个无所畏惧的妈妈，一个能给孩子信赖和安全感的妈妈。

如果你已经偏离了这个航道，想要回归，就必须重新开始和孩子做朋友。

如果我是晨晨妈，我会给孩子打电话问问他在奶奶家遇到了什么有趣的事？爷爷种的花籽发芽了没有？你有没有想我？我可想你啦！这样的话题一定比什么见鬼的游泳课更有意义吧！

# 我们终究要学会跟孩子说再见

朋友小露的孩子最近要上幼儿园了，从上周开始，她就不停地来向我取经：

"用不用给孩子带个贴身的玩偶，万一中午睡不着呢？"

"用不用给孩子吃点助消化的药，万一饭菜不适应呢？"

"用不用给孩子带个小手帕，万一哭了呢？"

我耐心地一一回复她，即使那些担心实在是多余，因为我知道她的焦虑。

今天早上，终于到入园的日子了，她也说到重点了："要不我别去送了，我怕我受不了。"

小露的心情我特别能理解，绝大多数家长在孩子第一次去幼儿园时都出现过不同程度的焦虑。

有调查问卷显示，家长主要担心孩子4个方面的问题：

1.孩子能不能适应集体生活？

2.万一被调皮的孩子欺负了怎么办？

3.在家睡觉每天要拍着、抱着，在幼儿园能睡得着吗？

4.小朋友那么多，老师能不能关照到每一个孩子？

所有问题里最重要的一个就是——担心孩子哭！

每年幼儿园开学季，小班小朋友此起彼伏的哭声简直就是"幼儿园一景"。从幼儿园门口的私家车里到幼儿园门口，再到教室，到处都是挣扎哭闹的孩子。

但是难受的绝不仅仅是孩子，每一个送孩子的家长心里也都翻江倒海般难受。我曾经撞见一个妈妈，前一分钟还微笑着挥手和孩子说再见，一转身就泪如泉涌。还有一些妈妈，送完孩子坐进车里，车子久久不发动，紧张地向幼儿园里面张望。

其实有分离焦虑的不仅仅是孩子，还有家长，而且更甚。

**02**

也许从来没有一个时代的家长，像我们这样关注孩子。

在我们小时候，家长忙于工作，忙于生计，解决我们的温饱几乎已经是他们最高的追求。

我们则不同，我们生活在一个育儿理念俯拾皆是的大环境下，从孩子降生开始，我们就在竭尽全力吸收着各方面的育儿知识，试图给孩子最好的一切，除了物质，还有精神，除了当下，还有未来。

孩子上幼儿园是他们初入社会的第一步，也是第一次真正离开我们的怀抱。

被孩子缠得脱不开身时，我们常说："快点上幼儿园吧，我就解脱了。"但是真等到了这一天，我们却发现，我们对孩子的依赖、纠缠、折磨、索取，如此贪恋。

### 03

一个朋友曾经对我说："她刚把孩子送去幼儿园的那几天，整个人都轻松了。"

她可以一边擦地一边贴面膜，再也不担心会把孩子吓哭。她可以把家里收拾得干净利落，而不是分分钟被孩子搞成爆炸现场。她可以随时出去逛街，看电影，约饭，在孩子下幼儿园之前，自由得像一匹野马。

但是不到一个星期，她就开始空虚：看个电视，不小心就翻到了孩子爱看的《熊出没》。出去透透气，没有孩子叽叽喳喳在旁边跟着，突然就没了兴致。在卫生间洗着衣服，突然幻听孩子在叫她，跑出来一看，空荡荡的房间，一个人也没有。

我们对孩子的依恋，一点也不比孩子对我们的依恋浅。

### 04

孩子独立了，长大了，要放开我们的手了，那滋味真的不好受。

小露说："我不要去送孩子了。"

我问："你在怕什么？"

也许，关系越密切的抚养者，送孩子去幼儿园的过程越艰难，孩子会纠缠，会撒娇，会哭闹，对于曾经每天寸步不离的大人，招招毙命，分分钟心软。

　　但是，也正是这些大人最需要亲自送孩子！因为你要和他一起完成这个分离仪式。

　　从今以后，我不再做你寸步不离的守护者，只做你目不转睛的守望者。从今以后，你要独自面对自己的小社会，我也要回归自己的生活节奏。从今以后，我们亲缘不减，互相支持，但又独立成山，隔海相望。

　　每一个独立的孩子都像雏鹰一样，需要父母有力地一推，它才能从最初的惶恐慢慢飞出自己的自信。

05

　　都说母爱是一场得体的退出。何为得体？也许正是在这些分离的时刻，不因纠缠而迟疑，不因难舍而忧郁，不因担心而焦虑不安。

　　亲子关系不是一种长久占有，也不是一种情感依托，我们与孩子在人间相遇一场，不过是因缘深厚，互为恩亲，彼此成全。

　　如果我们学不会放手，分离将会成为我们和孩子之间一生的功课，我们会在我们情感的匮乏和孩子成长的窒息中千回百转，无尽撕扯。

　　所以，再难也要亲自送孩子。让孩子学会跟我们说再见，我们也要学会和孩子说再见！

　　微笑着跟他说一声再见，你的放松就是他最初的安全感；头也不回地走掉，你的坚定就是他最初的勇敢。

　　再难也要亲自送孩子。告诉自己，孩子有他自己的生活，自己的梦想，自己的选择，自己的人生。

孩子陪伴我们走过的人生，可能不止一段，但是他们愿意依附我们走过的人生，不过一程而已。每一次哭泣都是一次破茧成蝶的成长之痛。只要你学会放手，他的人生会越来越精彩。

# 请珍惜你身边那个爱发脾气的孩子

## 01

早上打了个拼车，一下子拼上三单，与我同路的是一个送孩子去幼儿园的妈妈和一个去老年大学上课的老人。

孩子4岁，好像没睡醒，一脸的不情愿。

妈妈要给他擦擦鼻涕，他烦躁地推开，妈妈让他好好吃饭，他扭过头去不理不睬，妈妈想给他戴上帽子，一下子成了压倒他心理防线的最后一根稻草，孩子一下子爆发了。他对着前面的车座又踢又踹，对妈妈又扭又打，还有几次，不小心打到了那位赶去上课的老人。

妈妈有点不好意思，一边控制住孩子的手脚，一边连声和老人道歉，她说："我家孩子脾气太大了，稍有不顺心就发作，我打也打过，道理也讲了不少，怎么也管不好他这个臭脾气。"

没想到老人家微笑着说："孩子跟你发脾气，是好事，你要珍惜啊！"

## 02

女人很惊讶，疑惑地看向老人。老人便说起她年轻时的经历：

她的孩子小时候脾气也很大，而且特别爱哭，动不动就撅嘴、大喊大叫，再不然就扎进她怀里噼里啪啦掉眼泪。问她怎么了也不说，让她别哭了，她哭得更厉害，特别烦人！尤其是你一边赶着去上班，她一边闹情绪，哭得停不下来，那种场景真是能把人撕裂了。

那时的她年轻气盛，对孩子也没什么耐心，每次孩子发脾气，她要么置之不理，要么威胁恐吓让她停下。后来慢慢地，孩子闹情绪的情况就少了。

再后来孩子长大了，去四川上大学。有一次，她坐在办公室里，听到同事和自己的女儿通电话。

同事的女儿也在外地上大学，好像和室友发生了什么不开心的事，就向妈妈诉苦。女儿在电话那边哭了，妈妈在电话这边温柔地劝慰，那画面特别有爱，暖得让她心里有种莫名的失落。原来女儿和妈妈之间可以是这个样子的。

她推门出去，也给女儿打了个电话，问她最近生活得怎么样，女儿只是说，挺好的呀！

挂了电话，她望着四川那个方向，她忽然发现女儿和她之间的距离，比天津到四川之间的距离远多了。女儿出去这么久了，除了嘘寒问暖，她从来不知道该跟女儿说什么。

女儿从来不跟她分享心事，也根本没找她诉过苦。她不知道女儿遇到过什么困难，交了什么朋友，和室友处得愉快不愉快，有没有男生追她……

自己一手带大的孩子，和她没有什么交心的话说，这太可怕了！

**03**

老年大学到了，老人下了车。她没来得及说，自己和孩子关系不亲密和珍惜孩子发脾气有什么关系，但是我懂了。

我记得有一个叫盈的朋友曾经跟我说，她对自己的女儿甜甜特别特别好，尤其是在甜甜发脾气的时候。

甜甜哭，她就会温柔地抱着她，直到她安静下来。甜甜闹，她就会安静地看着她，然后鼓励她把不高兴的事说出来。如果孩子不会表达，她就会凭借对孩子的了解，试着帮她说出心里话：

妈妈做饭，你自己玩特别孤单，你想让妈妈陪你玩，对不对？

小宝拿走了你的娃娃，你很生气，可是又不敢要回来是吗？

你想把积木搭好，但是它总是倒，你很着急，是不是？

……

盈对甜甜真是够好的，我在旁边听着常常能起一身鸡皮疙瘩！那时我还没有月宝，我会很奇怪，这么娇腻着孩子，不会把孩子宠坏了吗？

月宝3岁的时候，甜甜已经6岁了，两个小姐妹在一起玩时，甜甜特别懂事，不但不会动辄发脾气，撒娇耍赖，反而会像个大姐姐一样，照顾着月宝。

相比之下，倒是月宝比较喜欢抢姐姐的东西，给她捣乱，甜甜也不急，很耐心地给月宝讲道理，很温柔地哄她，俨然就是当年她妈妈对待她的样子。

**04**

记得有一位作家说过："一个人发脾气，其实是内心脆弱的表现，他表面上是在施压，其实是在求助。"

想想自己什么时候最爱发脾气吧，是不是特别急、特别累，感觉快要撑不住的时候？抑或是不被理解、不被爱，心里委屈难过的时候？

我们为什么总喜欢向身边的至亲发脾气呢？并不是因为他们好欺负，不与我们计较，而是因为我们习惯向爱自己的人求助！

孩子也是一样的，在孩子心里，妈妈是最爱他们的人，也是可以任由他们发脾气的人，他们每一次发脾气，其实都是在表达某种负面情绪，当他们无法用语言详尽地阐述那种负面的感觉时，他们唯一的方法就是发脾气、哭闹。

也许这是一种不恰当的表达方式，但是这只是一种表达方式，而不是什么情商低，性格不好，没礼貌之类的性格缺陷。

面对孩子的这种求助，我们通常会做什么呢？要么严厉地禁止他哭闹，要么冷漠地熟视无睹，要么打服了他，看他还敢不敢哭！想想都觉得残忍。如果你三番五次地向一个人求助，但每次都被残忍地拒绝，下次你还会找他吗？

所以有的孩子变得越来越懂事，越来越安静，越来越封闭。如果你的孩子从来都不敢在你面前哭，实在不是什么值得夸耀的事，那只能说明，他的心里装满了对你的失望。

这也就是那位老人的女儿为什么从来都不跟妈妈诉苦的原因吧，因为在成长的过程中，所有的负面情绪，她已经学会了隐藏、吞噬，一个人消化，一个人扛！

05

现在月宝偶尔也会发脾气，而且最最喜欢和我发脾气。

她手划破了，会大哭，一边哭一边说："找妈妈，我要找妈妈！"

她做噩梦了，会尖叫，她喊出来的第一句话是："妈妈！"

她学不会跳绳，气得把绳子扔到床底下，恨不得永远不再见到它。但是我抱一抱她，摸一摸她的头，她过一会又会兴高采烈地把绳子从床下拽出来。

有时候，家人会跟我说："你不在时，她玩得挺好的。你一来，她就乱发脾气。"

没关系啊，我觉得挺好的，孩子能把脾气发给我，其实是信任我的表现啊。孩子敢在我面前发脾气，说明我还算是个不错的妈妈，如果孩子都不敢在我面前恣意表达情绪，那才是我的失败吧？何况，孩子情绪激动的时候，正是培养他情商的好机会啊！

他不会表达，你可以教会他怎样表达，什么是生气，什么是沮丧，什么是难过，什么是遗憾……

这些情绪我们都可以有，每个人都会有，有这些情绪很正常啊！我们不需要克制，只需要发泄出来就好了，但是，下一次，换一种平和的方式可以吗？

如果你身边有一个爱发脾气的小怪兽，别焦虑，要珍惜！那意味着孩子对你全然的信任和释放，也是你了解孩子的重要契机：

他为什么要生气？

他为什么会伤心？

他在意的是什么？

他害怕的是什么？

他需要学习哪些能力帮他化解内心的痛楚？

当你帮他在心灵上有所成长后，你会发现即使他已经成年，你们的距离也不会太远，而不是随着他长大，你们之间却慢慢地漫出来一条银河……

# 听话的孩子，永远做不了自己

**《01》**

每天都会有很多朋友在后台问我各种各样的问题：

"我大一了，学的是化学教育专业，可是我以后不想当老师，我想转专业学电脑设计，但是听别人说学电脑设计出来后不好找工作，老师你说我该换专业吗？"

"我马上要大学毕业了，家里让我考公务员，室友都在考研究生，可我不想继续无聊的学业了，我想尽快工作，您说我该考研、考公还是工作？"

"我和我老公是相亲认识的，本来也没有太深的感情，现在结婚四年了，几乎每天都在争吵中度过，我觉得这样吵下去对孩子一点好处都没有，所以想离婚，但是家里人说女人离婚了再带个孩子不好再婚。您说我该离婚吗？"

这些读者朋友真的不知道该如何选择吗？其实不是的，他们心里早就已经有答案了，只是需要找别人反复印证而已，说到底，就是不相信自己的判断罢了。

**《02》**

去年冬天，先生经营的有机食品公司因为一款红薯圈粉无数，新老客户蜂拥而至，导致这款红薯刚刚挖出来就被抢购一空。

我和大家一样，吃到这款红薯以后才知道天然的红薯竟然可以像蜜一样甜。不过今天不说红薯的味道，我想说说这款红薯的种植者小雷。

五年前小雷到公司的时候是个刚毕业的大学生，各科成绩不是很出众，勉强拿了个毕业证。

他来面试的时候说自己非常向往田园生活，非常喜欢种菜。大学时去上专业课，他带的却永远只有三样东西——一支笔、一张饭卡还有一本《蔬菜种植技术》。

当时公司觉得这个男孩挺执着，挺有意思，就把他留下了。后来才知道，他不仅看过《蔬菜养殖技术》，还看过很多古籍，这款"网红"红薯就是他参考了古法种植，又结合现代技术种植出来的。

他是一个"90后"，现在做着自己喜欢的工作，月薪却是大部分同龄人的三四倍。

我曾经问过他，你大学毕业出来种地，你的家人不反对吗？他说，他的父亲曾经在他上大学前对他说过一句话，你已经是大人了，不管你以后要做什么，你都要为你所做的选择负责。

🎧 03

我有个朋友，人送外号"二妇"，因为她逢人便讲："我本来应该是个富二代的，但是我爸没有珍惜。"

事情是这样的，曾经有个"50后"，在工厂厌倦了当工人，下海做钢铁生意，别的男人老婆孩子热炕头时，他站在货运火车的夹缝里从广州跑到北京，从北京跑到上海……后来这个男人成为钢铁大佬，坐拥中国豪华地段多处房产，他儿子结婚的时候，"二妇"被邀请了去，得知一个惊人的秘密——钢铁大佬辞职前曾邀"二妇"的爹一起下海，他爹本来是蠢蠢欲动的，但是本着"听人劝吃饱饭"的原则，继续选择做工人，这一念之间就让"二妇"失去了做"富二代"的机会，成了围着老公孩子转的"二妇"。

没关系啊，我对她说，你可以抓住机会，让你儿子成为"富二代"！

🎧 **04**

我们两个就经常在一起羡慕那些辞职创业的同学，曾经我们觉得找到了一份工作就像是挖到了金矿一样，前途大好，后来才发现那些由着自己性子，能坚持自己选择的人不但没有被世界抛弃，反而生活得有声有色，他们做着自己热爱的工作，拿着比我们高很多倍的薪水。当我们在办公室吹着冷风，担心着自己的颈椎病什么时候再犯的时候，他们却拿着创业所得，开着豪车，享受着国外的好天气。

帕累托分布告诉我们，把全世界每个人拥有的财富从大到小排起来，一边是一个纤细但高耸入云的头，另一边是一望无际、漫长低矮到让人绝望的尾。有时候，我们只是害怕做那条绝望的尾，于是拼命找一份工作像蚕茧一样包裹住自己，但也从此失去了高耸入云的机会。

其实我们都知道，从眼红到拍案而起之间，还有很长的路要走。最需要克服的就是奴性：走一条按部就班的路，做一个普普通通的人，不冒尖、不出彩、平平淡淡才是幸福。

经常在唱歌选秀节目里看到选手说自己喜欢唱歌，想坚持自己的音乐梦想。说着说着就声泪俱下。

以前我觉得挺扯的！你想唱歌你唱啊，去KTV唱，去马路边上唱，坐在马桶上唱……怎么唱歌还能成为梦想呢？

后来我明白了。因为你本可以把练歌的时间花费在一份朝九晚五的好工作上。你本可以不因为不务正业让父母操碎了心。你本可以走一条寻常路，而不必承受这么多质疑的眼光。

可是，你心底总是有一个声音在说：不让我试一试，你们怎么知道我不行？

当中国人的惯性思维以洪荒之力湮没了孩子的个性后，敢发出这个声音的人其实都已经是难得的幸存者。

武志红老师曾经说，感觉就像是树根，需要紧紧地抓住大地，当树木参天的时候，它才不会轻易被狂风动摇。可惜我们的感觉从小就没有被保护好。以至于随便一个人的口风就可以把我们撼动了。

还记得小时候发生的事吗？

2岁时，你把天空画成了黄色，但是老师说不对，天空是应该蓝色。

4岁时，你因为要穿白色的而不是红色的裙子而哭闹不止，妈妈呵斥道：不许挑，让你穿什么你穿什么！

13岁，你想参加校园足球队，爸爸说把英语成绩搞上去再跟他谈别的。

18岁，你想去北京学设计，周围的亲友说还是考热门专业吧，以后好找工作。

25岁，你带了一个女孩回家，家里人说什么也不同意，还口口声声说是为你好。

……

多少次，父母把他们的意愿强加给我们。多少次，他们在我们坚持主见的路上插上"此路不通"的牌子，又一边为"别人家"有出息的孩子点头称赞。

那时候，评价一个孩子好坏的标准就是他是否听话。但是大部分听话的孩子都没有很幸福，他们永远会在"自己舒坦"和"父母安心"中左右为难，苦苦挣扎。

可是，现在，我们依然在重复父母的做法。

🎧 **06**

我们也想要一个听话的孩子，因为省心啊！

怎样才能让孩子听话？通常三招能搞定。

### 1.强行管制

很多孩子听话是因为他们有强势的父母，万事插手、说一不二，否则非打即骂，后来，孩子变成了那只一碰笼子就会被电到的猴子，学会了在笼子里安分地坐着，即使有一天笼门大开，他们也再不敢越雷池半步。

### 2.过度表扬

孩子会自己吃饭你要夸，孩子会走路你要夸，孩子自己收拾好了玩具你要夸，孩子穿了你愿意让他穿的衣服你要夸，孩子学了你愿意让他学的课程你要夸。

后来，他主动变成你期望他变成的样子。因为他中了你夸赞的"蛊"，他期待你的肯定，他愿意让你以他为荣，他愿意让你为他高兴，即使他自己并不那么情愿。

强行管制是百炼钢，过度表扬是绕指柔。温水一锅，慢慢就把孩子的激情煮死了。

### 3.摧毁自信

"妈妈帮你弄吧，你自己不会弄。"

"别爬那么高，摔下来就糟了！"

这些行为看似是在给孩子帮衬，实则是剥夺孩子主动探索世界的机会，削弱他们独立自主的力量。同时，暗示孩子不具备搞定自己世界的能力。

如果家长给孩子树立的观念是他们不具备足够的能力搞定自己的世界，那他们就真的将不具备成就自己的梦想。

07

后来，很多小时候特别听话的孩子长大后，总是面临这样的选择：选我爱的人还是合适我的人？是选我喜欢的工作还是传统意义上的好工作？是花更多的精力做我喜欢的事，还是做一个不迟到不早退的好员工？

曾经有一个"宅男"28岁了，每天只在家里玩电脑游戏，安排了几场相亲都不了了之，急疯了的父母总是说："我家儿子不会追女孩可怎么办？！"

还有一个年轻人，父母通过朋友帮忙把他安置到一个公司里，这家伙每天早晨迟到2个多小时，到了公司趴桌子上还睡，同事都怀疑他夜生活太丰富。

后来，那个大龄"宅男"为了一个女孩辞了工作，戒了游戏，追到广州并定居在那里。

后来，那个睡不醒的懒家伙终于辞职，和一个爱录影的朋友一起搞起了网络微剧，每天凌晨5点起来写稿子，子夜1点还不睡。

原来，你以为听话可以让所有的事情化繁为简，却不知真正破除万难的是真爱。

这就是我不想要一个特别听话的孩子的原因。

我希望他能够保有自己的主见。我希望他能够尊重自己的选择。我希望他敢于发出质疑权威的声音。我希望他成为他想成为的样子。这并不妨碍他会成为善良、懂事、识大体、有教养的孩子。

作为孩子的父母，我们愿做大地，在他飞累了时给他一个落脚点。我们愿做海岸，当他漂泊久了，有个停靠的港湾。

让孩子做自己，并非奢求他们大富大贵，仅仅是因为：做自己，他们才能真正地、由衷地幸福快乐！

# 第五章

## 最好的亲子关系，是彼此成全

最好的亲子关系，是相互激励，彼此成全，

在对方信任的眼光里，不断完善自己，

在对方接纳的眼光里，做梦想中的自己。

# 最好的亲子关系，是彼此成全

01

　　朋友S最近在网上晒了一张美照，把大家都惊艳到了。她画了眼线，夹了睫毛，描了红唇，最惹眼的是她那一头卷发，在我们的印象里，她头发长过耳朵的时候都很少。

　　这样乍一看，她竟然变成一个女人了！

　　其实，S本来就是个女人，只是以前她的外表、穿着、举手投足都很man，不熟悉她的人很难确定她是个女人，最夸张的是有一次我和她挽着手去逛街，竟然还被传出了绯闻。

　　S这几年变化很大，好像就是从有了女儿开始吧，她的性格里竟然慢慢表现了柔美的一面，开始穿高跟鞋，开始留长发，开始喜欢一些首饰，这些特征是她在恋爱的时候都不曾有过的。

　　对于这种现象，她是这样解释的：就是有一天看着女儿娇嫩可爱，抱着娃娃温温柔柔的样子，突然发现女孩子原来可以这样美好。

S一生下来就被当作男孩养，虽然她上面已经有两个哥哥，家里不缺男孩儿，但是在一个重男轻女的家庭里，男孩往往是多多益善，女孩最好不要出现。

小时候的S当然理解不到这个层面，她只是清楚地记得，她7岁之前，爸妈从来没给她买过新衣服，她从来都是捡哥哥剩下的衣服穿，短裤、背心、足球鞋，连发型也和哥哥一样，甚至还剪过板寸。

S长得不漂亮，对得起这身扮相，也对得起这个发型。这样一来，家里的孩子，就都是男孩，每次路人甲乙丙丁夸他们"兄弟"长得帅气的时候，妈妈不但不澄清，还会露出得意的笑容。

她7岁时得到人生的第一套新衣服，是小学的夏装校服——一件裙子。她穿上裙子，感觉怪怪的，既尴尬又羞赧。

她不喜欢夏天，尤其不喜欢在学校里过夏天。

后来，S的脾气越来越像男孩子了，爬树、打架这种事总少不了她。

有一次和男生打架，她挂了彩，哭着回到家，妈妈看都不看一眼，说："哭什么哭，像个女孩子一样！"

"我不是女孩子吗？"

S说，她一度非常怀疑自己的性别，她常常搞不清楚自己是男是女，一直到14岁月经初潮，每个月总有鲜红的血迹来提醒自己。

19岁，从我认识S开始，她一直保留着三个习惯：不去大学浴室洗澡、不和大家一起游泳、不在大家面前换衣服。

**(03)**

当初我听说S生了一个女儿的时候，还真为她的女儿捏了把汗，毕竟，S一直都觉得，做女孩是件极不光彩的事。

但是事情完全没有像我想象的那样去发展。S很精心地装扮她的小公主，给她买粉嘟嘟的衣服和裙子，给她买五颜六色、各式各样的发卡……更加出人意料的是，S的妈妈很喜欢她的外孙女，每天亲亲抱抱爱个没完。

S说，可能是因为女儿甜心长得漂亮，和童年时丑丑的自己完全不是一个画风。

后来，这话被甜心否了。

那是一次幼儿园活动，要求家长上台和孩子一起合唱，每个妈妈都化了妆，甜心说，妈妈，你也化吧。

S视死如归地坐在梳妆镜前，她心里只有一个信念——不能给女儿丢脸。

那是她继照婚纱照之后的第二次化妆，化完后，甜心扑到她腿上，说："妈妈，你真漂亮！"S吓得妆都快花了，这么多年来，从来没有人用"漂亮"二字来形容过她。

如果世界上有一个人认为S是大美女，那这个人一定是她的女儿甜心。

甜心走在路上，看到某件漂亮的衣服，就会指着衣服说："妈妈，你穿这个肯定好看。"她还经常爬到S背后，说："妈妈，你留长发吧，这样我就可以给你梳辫子了。"她甚至会一本正经地望着S的眼睛说："妈妈啊妈妈，你是世界上最美丽的女人。"

虽然很像《白雪公主》里魔镜说话的版本，但是S还是相信了，她笑得很大声，笑得不得不跑到卫生间去擦眼泪。

### 🎧 04

S看到我写的一篇文章——《原来孩子如此爱妈妈，你还舍得辜负他吗》，表示深有同感。

她说，这世上最最深爱你的人，不是父母，而是自己的孩子，她会无条件地接纳你的一切，你的好，你的坏，你的精彩，你的不堪，在他们眼中，你拥有360度无死角的完美。

她说："真想不到，竟然是一个6岁多的孩子，给了我做自己的勇气，给了我做女人的自信。"

最近，S找我做了一次OH卡疗愈，她发现自己这么多年来逃避做女孩，其实是因为母亲不愿接受她是女孩这一事实。

而她为了在母亲那里得到和哥哥同等程度的喜爱和关注，不惜去掩盖自己女孩的身份，把自己活成了男孩的样子。

这么多年来，她不允许自己脆弱，不允许自己哭泣，什么事都能一肩扛下来，她活得越来越硬朗，越来越像条汉子。但是她心里最最渴望的不过是一个温暖的，哪怕只是来自小小的甜心的一个拥抱，这个拥抱的名字叫接纳。

有了女儿甜心她才明白，真正的爱，不是改变，而是接纳，是成全。

现在的S从不苛求女儿做任何事，孩子要买什么东西，要报什么兴趣班，要什么时候写作业，她都会给孩子选择权。

她知道控制与成全之间距离很短，短到只有五六分钟的耐心，短到偶尔转瞬即逝的相信。

她不会根据自己的好恶去评判孩子，也不会根据自己的经验去左右孩子。

她相信孩子有比她更高级的灵魂，清楚自己的来路与归途，清楚自己的功课和使命。而且，还是孩子教会了她，什么才是爱！

## 05

有人是这样形容亲子之爱的：比如你有一个瓶子，如果瓶子里只有半瓶水，你倒出一些给孩子，就算给得再少，也会造成你更深一步的匮乏。但是，如果你的水多得快要溢出来，你把溢出来的那部分给孩子，你给得再多，你都是充盈的。

所以，S是聪明的，在亲子之爱里，她先学会了爱自己，把自己的瓶子装满，把自己的缺憾补全，然后再去爱孩子。而不是像很多家长一样，自己本身就很匮乏，又拼命对孩子付出，把填补自己生命的希望寄托在孩子身上，给孩子造成莫可名状的压力，进而反叛，与父母决裂。

最好的亲子关系是彼此成全，在对方信任的眼光里去不断地完善自己，在对方接纳的眼光里做内心最想做的自己。

最好的亲子关系，绝不是由两个残缺的灵魂拼补成彼此纠缠的累赘，而是会彼此激励成最完美的两个个体。

# 妈妈才是女儿一生的偶像

**01**

琳琳最近给我看了一段她女儿写的作文，差点儿把我笑岔气。

她女儿是这样写的：

我妈有三招：警告、狮子吼、散打。我妈要是去报名全国散打比赛，肯定能得冠军！

"在女儿眼里，我竟然是这样一个妈！"琳琳问我，"你说我有那么粗暴吗？"

我打量一下她那娇弱的小身子骨，说："若是做女人，我不信，若是当妈，我信！"

当妈的谁没有几次情绪崩盘的时候啊！

但是这还不是最刺激她的，她又给我看了一篇作文，题目就亮了——《感恩父爱》。

她是这样写的：

父爱是人世间最伟大的东西……没有一个人，可以像我父亲那么爱我……父爱是无边无际的，父亲之所以严厉，是因为严格的教育才能让我们成才……

从满含父女深情的一段话中，我能理解琳琳受到的打击。

**《02》**

女人生完孩子会面临各种失宠。

婆家开始只围着孩子转了，老公开始对你不咸不淡了，连自己的亲爹妈也把微信头像换成宝宝的了，然而所有失宠里最让人难以接受的是孩子童言无忌地说了一句："妈妈我不跟你是好朋友了，我喜欢爸爸！"

随着孩子年龄增长，她们会逐渐脱离母亲，靠近父亲，这一点在女孩的身上体现得尤为明显，她们逐渐变成了爸爸的小情人，妈妈却变成了"天敌"。

这几乎是生女儿的宿命。

有个朋友曾经对我说："这个世界上，她唯一搞不定的就是她妈妈，爱不得、恨不得、近不得、远不得，永远处在一个无法融入的灰色地带。"

也有一个妈妈对我说："我觉得我一点也不了解我的女儿，而她也不能理解我。我们每天都在吵，恨不得把对方撕烂，但是，这个世界上，我唯一爱的就是她。"

女儿慢慢变成了你最熟悉的陌生人？其实不是的。

**《03》**

还记得她第一次穿你的高跟鞋吗？

还记得她第一次向脸上涂护肤霜吗？

还记得她学着你的样子做早餐吗？

其实，妈妈的一举一动都是女儿模仿的对象。只要女儿生活在母亲身边，她的一生都会成为母亲的影子。

的确，女儿年龄越大，对母亲的爱越隐晦，她们很少表现出像对父亲那般的热忱，但是在潜意识中，女儿所有的叛逆和逃离都是对母爱深深的渴望。

才女胡因梦年少时一直都渴望逃离母亲的掌控，她那个沉迷麻将桌的母亲似乎很早就让她放弃了依靠，反而经常成为她的羁绊。直到母亲病危时，胡因梦才发现母亲一直是她精神上巨大的支持，而自己的独立坚强不过是逞强。

年龄越大，我们越难说爱，越难说出自己心底最深的渴望。

其实，女儿拒绝妈妈的唠叨，是她在渴望妈妈的信任；女儿不接受妈妈的批评，是她在渴望妈妈的肯定；女儿不愿看到妈妈发怒，是因为她渴望从妈妈身上得到平静的力量；女儿不愿看到妈妈哭泣，是因为她希望妈妈坚强、智慧地面对生活的一切逆境。

因为妈妈是她的榜样，她会从妈妈的身上看到她的未来。妈妈才是女儿一生的偶像，女儿像"粉丝"一样崇拜着妈妈，渴望妈妈光彩照人。但是，如果女儿开始叛逆，开始反抗，开始敌对，不是因为她不再爱妈妈，而是她对母亲有了深深的失望。

如果你平时灰头土脸，却挑剔女儿乱买衣服。

如果你动辄发怒，却指责女儿情商不高。

如果你一生平庸，却指责女儿不够努力。

那你的说教就太苍白了。这是女儿唯一反抗母亲的原因。

所以，如果你有一个女儿，请做最好的自己。因为：

母亲是优雅的，女儿一定不会放荡。

母亲是善良的，女儿一定不会邪恶。

母亲是大度的，女儿一定不会小气。

母亲是宽容的，女儿一定不会锱铢必较。

**(( 04 ))**

女儿与母亲即使脾气秉性完全不同，她们的价值观和内在气质也会惊人相似。

一个朋友曾经对我说，她从小被妈妈打到大，非常反感家长对孩子使用暴力，她在这方面极为克制，但是还是经常在不经意间对孩子动手。

这一点也不奇怪。其实作为一个女人，真正扔不掉的都是母亲潜移默化给我们的东西，包括观念、习惯，即使我们在心里从不接纳，但深入骨血。

所以，如果你有女儿，更应该活得漂亮一点，不要将自己的梦想寄托在女儿身上，而要把自己变成希望女儿变成的样子。

因为你的身上不仅有她的深爱，更有她的未来！

# 父母有多无惧，孩子就有多强大

有一天我下班晚，到家的时候，看到月爸正在辅导月宝写作业。两个人肩并着肩，头挨着头，画面特别温馨有爱，我看了蛮高兴，就决定不打扰他们，转身进厨房做饭。

可是书房里的动静却越来越大！"这个横折要折到横虚线上面，太靠下了，擦了重写。"

"不对，往上面折你明白吗？重写！"

"往上折！"

"你等会，你别写了！你是不是听不懂我说话啊！"

……

我擦干了手，凑过去看，原来月爸在教月宝写"角"字，月宝把刀字头写得特别大，整整占满了整个田字格的上半部，月爸让她往上挪，她就是做不到。

我说："你知道你写的是什么字吗？"月宝说："角。"

"牛的犄角是长在哪里？""头上啊！"月宝一边说，一边用眼睛瞟她爸爸。

"这个刀字头就像牛的犄角一样，它应该长在头上，你看你这个犄角都长到肚子上了。所以你要往上面折一点。"

月宝重新写，但是显然已经非常慌张了，每写一个笔画都要不停地问我："这里可以折了吗？这里可以拐了吗？……"我说你自己看哦，犄角要长在头上，身体要比犄角宽。

她终于写好了，小心翼翼地拿给她爸爸看。月爸端着架子，说："这次还差不多，下次认真写啊！"然后顺便给了我一个"算你厉害"的眼神。

其实不是我厉害，而是月爸内心有了恐慌。

前几天，我们俩带月宝出去玩，遇到了一个朋友。朋友家孩子也和月宝一样大，今年就要上小学了，为了给孩子做好学前准备，她每天带孩子上很多课。

她家的孩子现在认识差不多五百字了，数学百以内加减法基本都能算出来，英语一对一的网络课也一直在上，舞蹈也准备考级了。

月爸听人家说着，一脸的羡慕，然后人家一离开他就焦虑起来：人家孩子都会那么多东西了，咱还天天傻吃傻玩，上小学能跟得上吗？

于是，这天晚上，就有了月爸气急败坏的一幕。

暂且不说这火发得有没有必要，单看月宝的表现就可知教育效果如何。平时月宝写六行生字大概用15分钟，今天用了一个多小时，而且到最后战战兢兢的，根本不敢下笔。要是天天这样写作业，我保证不出一个月，月宝就会厌学。

## 〔02〕

我接触过很多焦虑的、忧心忡忡的家长，他们有各种天经地义的理由去焦虑、去担忧。但是抛开那些焦虑和担忧，我们会发现根植他们内心的其实是恐惧。

给你们说下乔的故事吧。

乔是我的高中同学，一个画技高超，性格内向的女孩。前不久，她跟我说，她的孩子最近刚上幼儿园，每天都哭得歇斯底里，她很担心孩子会哭出病来，抑郁或自闭。

我建议她平时多带孩子出去玩，尤其要让他多接触同龄的孩子，在幼儿园接了孩子不要急着走，带他玩一会儿滑梯，和同班小朋友多玩一会儿，熟悉一下幼儿园的老师和环境。

之所以给她这样的建议，是因为我知道她自从有了孩子以后变得特别宅，很少带孩子出门，每天就把自己和孩子封闭在家里画画。

她曾经无意中提起过，不愿意让孩子和别人接触，怕挨欺负，怕被打。现在她依然有这样的担心，一看到幼儿园虐童事件什么的，就担心得不行，到处打听别人家的孩子有没有被幼儿园老师虐待责罚。

本来，我以为这种担心是家长的本能，但是有一次她对我说，她童年有被年长的孩子欺负的经历。提起这段经历，她浑身颤抖，脸涨得通红，心里既愤恨又恐惧。虽然这段往事被她竭力遗忘，但是却依然在她的生活里起着巨大的作用。

在教育孩子时，她显然把这种恐惧转嫁到了孩子身上，害怕他被欺负，害怕他被伤害，于是竭尽所能地保护他。

但是孩子不但没有因为这种保护而变得强大，反而敏感地觉察到妈妈内心的恐惧，并将这种恐惧植入了自己的内心。

孩子是一个非常敏感的接收器，家长开心，他也开心；家长放松，他也放松；家长自信，他也自信；家长恐惧，他也恐惧。

孩子天生无畏。所以一个慌乱、紧张、不安的孩子背后往往都站着一个内心充满恐惧的家长。

所有的焦虑、期望、过度的责任感都源于恐惧。我们不愿意让孩子玩游戏，因为我们怕他耽误学习；我们担心孩子成绩不好，因为我们怕他以后没有立足之地；我们期望孩子有一技之长，因为我们希望他以后人生幸福！

这都是太表面的原因了。真正的根源其实是：孩子，你必须变成优秀、美好、出色的人，否则我就没有安全感；你必须变得强大有力量，否则我怎么能安心！

实际上，你越没有力量，就越希望孩子有力量；你越没有安全感，越需要孩子强大来让你安心；你越恐惧，就越想掌控一切！

🎧 **03**

家长太恐惧为什么不利于孩子的成长？

**一、恐惧会淹没智慧**

曾经看到过一句话：智慧是一种空盈的状态，而不是一种满实的状态。一个没有安全感的家长会觉得孩子必须学会多种知识、各种技能才能变强大，于是他们会不停地往孩子的头脑里装知识。但是一个不停地被灌输各种知识的人脑不能被称之为人脑，只能被称为电脑，而且是一个不停地被写入程序，濒临死机的电脑。

人的智慧有多少不取决于他脑中有多少既得知识，而是取决于他生活中有多少体验，头脑中有多少留白。他脑袋里留白的空间越大，他能运用和发挥的空间就越大。他脑袋里被写入的程序越少，他头脑运行的速度也就越快。

充满恐惧的家长会不停地往孩子头脑里装东西，给孩子施加压力，这样不仅不利于孩子开启智慧，反而会把智慧压得密不透风，出都出不来！

## 二、恐惧会导致过度保护

有时候我看着月宝和她的好朋友在花园里追追跑跑，心里总是在想，他们怎么有那么大的能量？一个小时不停的疯跑，怎么也跑了有5000米了吧？如果这一个小时我不让她活动，而是把她按在座椅上，她的能量怎么发散出去呢？想想都觉得很压抑。

但是很多孩子就生活在这样的压抑中，因为类似在花园里疯跑这件事，本身就不怎么安全。有可能磕了碰了，有可能困了累了，甚至有可能孩子在你低头看一眼手机的时候被坏人抱走了。

我不敢说我是无惧的。但是我知道，我的恐惧只是源于我对社会的认知，我对孩子各种可能的突发事件的预设。

我必须保护孩子，但是如果我因为自己害怕担心，就剥夺孩子自由疯跑的机会，剥夺她与外界自由接触的机会，就属于过度保护。

自由是孩子的权利、玩耍是孩子的权利，就连受伤也是孩子的权利。被过度保护的孩子，也许一直生活得很安全，但是他可能根本就从未"活"过！

### 三、恐惧会毁掉亲子关系

我曾经有一个领导，算是我的顶头上司，她为了"体察民情、方便管理"，把办公室搬到了我们部门，就坐我的正对面。

她每天要叫八遍我的名字："小月啊，一会把这个表填了；小月啊，一会把这个文件送过去；小月啊，今天下午别忘了开会；小月啊……"

我真的很烦，你要是不说我就不会填表吗？你要是不说我就能忘了开会吗？

我能理解领导的心态，她太想把工作做好了，她太害怕工作出现失误了，但是不好意思，你不催我还好，你催我，我干脆跷个二郎腿、泡杯咖啡，刷刷手机……工作的事，就随缘吧，我总要先找个渠道发泄下我的不爽！

所以，我特别理解那些叛逆的孩子，特别理解他们在那些唠唠叨叨、喋喋不休的家长面前为什么会摆出那副"天塌下来与我无关"的姿态。

因为孩子不愿意在你的命令下去做事，不愿意承担你内心的压力，孩子也不愿意为你内心的恐惧买单。

如果你不控制他，孩子未必不会变成好孩子，只是你不相信他会自然而然地长成一个好孩子而已。

父母有多恐惧，孩子就有多糟糕；父母有多无惧，孩子就有多强大！你越恐惧，越控制，孩子越抗拒，你所害怕的一切就通常能够应验，只有无惧的家长，才能让孩子遵循天性自然地成长，因为只有无惧的家长才能做到放手，才能做到接纳，才敢让孩子去做自己，去实现自己。

无惧的家长就像一片万里晴空，每天艳阳高照，充满恐惧的家长就像一片雾霭阴霾，永远阴雨连绵，什么样的环境利于孩子茁壮成长，不言而喻。

真正的教育不是改造、不是掌控，而是成全。人最需要的教育也不是他人给予的教育，而是自我学习、自我教育。

一个不懂得自我教育的家长，如何能培养出能自我教育的孩子？所以，成功的家长会用自己的努力去弥补自己的缺憾，而不是用孩子的出色去填补自己的缺憾。他们会用自己的光芒去圆满自己的人生，而不是通过塑造成功的孩子来使人生圆满。

教育是自省，而非施压和控制。当家长自己活成了一道光，心里的恐惧自然消失殆尽，那时候，孩子的世界自然也会光芒万丈！

# 这三个字，很多孩子等了一辈子

(( 01 ))

最近办公室搬家，F姐在整理东西的时候，从抽屉的最底下翻出一本英语书，她大叫起来："这本英语书竟然在这！我怎么把它放进资料夹里了呢？！"

这是一本小学三年级的英语书，但F姐的儿子已经上初一了。

F姐说，当年以为儿子把书弄丢了，对他好一顿数落，说他总是把东西乱放，书都能丢了，一点也不重视学习，最后还让他掏了2倍的零花钱去书店买的课本。

没想到，这课本竟然被F姐胡乱塞进自己的文件夹里了，要不是这次搬办公室，恐怕孩子这桩冤假错案还不能沉冤得雪。

F姐管孩子可是有一套，一瞪眼，猛虎一样的孩子立刻乖顺如绵羊。要是孩子淘气闯祸顶嘴发脾气，她绝对二话不说，巴掌伺候。

我很好奇，在孩子面前威严有加的她会不会因为这件事和孩子道歉呢？

(( 02 ))

月宝最近迷上了梳头发，不是梳她自己的，而是梳我的。

她把我按坐在床上，然后站到我身后，用梳子梳我的长发，但是每次过不了一分钟，我就忍不住发出杀猪一样尖叫："你这是梳，还是拔啊！"

有一次，我趁她给我梳头的时候，抓紧时间回复了几位读者的留言，回复完了一回头，床上竟然掉落了一大片头发，我一根一根捡起来，把被月宝梳断的三十多根头发举到她面前，说："怪不得我觉得那么疼呢，你看你扯断了我多少头发！"

月宝似乎没想到竟然掉了那么多头发，她惊讶地望着我说："呀！对不起！"

听她这样一说，我便释然了，赶紧把头发扔到垃圾桶里，只听身后的她又说："可是梳头发就是这么疼的。"

我忽然想起来，每天早上我给她梳头的时候，她总是会喊疼，有时候直接推开我的手，有时候疯狂地摇摇头闹着不梳了。

作为一个争分夺秒的上班族，我没时间跟孩子讲道理的，通常这个时候，我会把她按回到椅子上，告诉她"疼是因为你总乱动，越动越疼"。有时候，我还会怪她把东西吃到头发上，所以怎么梳都梳不开。

有一次在舞蹈房门口，我因为急着把她推到教室里去，就快速给她重新梳了下头，头绳扯下来的时候，上面缠了好多头发。那一刻，说不心疼是假的，但是我还是快速地把她的头发挽起来，还不停地唠叨着："你看，让你快点快点，你非要磨蹭，又迟到了吧！"然后快速地把她推进了教室里。

我为什么没有像她那样，说一声"对不起"呢？

**03**

仔细回忆一下，虽然我们做错的事不比孩子少，但是孩子说对不起的时候却比我们多。

孩子把水洒在地上了；把玩具箱子弄翻了；好端端的一碗饭扣到桌子上了；甚至生病时吐得满地都是，她都会怯怯地说声对不起；见你生气不说话了，她即使不知道自己犯了什么错，也会凑过来说声对不起。

不知道是我们在乎孩子没有孩子在乎我们多，还是我们把在孩子面前的权威意识看得太重，通常情况下，我们即使明知道是自己做错了，或者是误伤了孩子，误会了孩子，也会拿着架子，一副真理在握的姿态，绝不愿意屈尊说一句"对不起"。

但是我们可能想不到，这三个字看起来很简单，但是对孩子来说，意义重大！

我记得在一次心理学课上，我的老师毫不避讳地和我们谈起她和先生吵架的经历，她坦然地承认自己年轻时脾气很大，一发作起来口无遮拦。

她明知道父母吵架对孩子有伤害，但在孩子面前还是控制不住，不过每次大发雷霆后，她都会非常郑重地做一件事，跟孩子道歉。

她会对孩子说："对不起，妈妈今天没控制住脾气，让你害怕了。"

她也会向孩子解释："爸爸妈妈吵架是因为我们都有一些情绪，我们不会互相伤害，我们只是在表达自己的情绪。"

如果是因为孩子的问题（比如学习问题）吵架了，她更会反复向孩子确认一点："这不是你引起的，不是你的错，爸爸妈妈只是对一些事情的看法不一致，所以引起了争执，但是我们俩交流的方式太激烈了，对不起，伤害到了你。"

后来这个孩子对父母吵架这种事接纳到了什么程度呢？

父母在卧室吵架，他在厅里看电视，他竟然会噔噔噔地跑到卧室说："你们俩小点声音吵，我都听不见动画片的声音了。"

当然，举上面这个例子，不是提倡父母应该在孩子面前酣畅淋漓地吵架，只是想说明，父母一个郑重的道歉，对孩子而言是多么的重要。

敢于道歉的家长，会让孩子在受了委屈的时候给孩子一个说法，让他们感到被尊重，被理解，被原谅，即使他受到了一些创伤，也会被温和地抚平，心灵上得到安慰。

敢于道歉的家长会让孩子懂得，每个人都会犯错，认错并不是一件丢人的事，面对自己的错误也并不可怕。慢慢地，孩子也会有承认错误的勇气，和承担后果的责任感。

## 04

曾经有朋友给我留言，说自己刚生完孩子之后，有一段时间脾气不好，对孩子非打即骂，也造成了孩子现在刚上小学就开始叛逆，对她也很疏远。她问我，是不是已经对孩子造成了不可逆转的影响，做些什么可以补救？

也许，没什么可以补救的，除了好好地跟孩子道个歉。

很多家长向我描述过他们在管教孩子的方式上出过一些问题，话里话外也颇有悔意，但是一回到孩子面前，就还是那副高高在上的样子。

很多家长宁可为孩子付出一切，甚至生命，也不愿意对孩子说句软话，说句"对不起"。

我接触过一对母女。那位母亲有两个孩子，一儿一女，因为骨子里有重男轻女的意识，对儿子一直偏爱有加。后来女儿出国留学，在异国他乡吃了很多苦，但是她宁可掉着眼泪给闺蜜打电话，也不对母亲表露半点脆弱。

两个孩子结婚后，这个母亲才突然有了改观，觉得自己年轻时对女儿实在有所亏欠，于是她想尽办法补偿女儿，给她看孩子，给她买衣服，给她钱。但是，女儿还是觉得和母亲热络不起来。

直到有一次，母女因为一些小事爆发了争吵，女儿泣涕横流地把这么多年的委屈一股脑地倒了出来，母亲也泪流满面，对孩子说："其实，我一直想对你说句对不起。"

她哭了很久，然后擦干眼泪说："妈妈，这三个字，我等了32年了。"

从那一刻起，女儿释然了。她现在把母亲接到家里和他们一起住，母女关系很好，用女儿的话说，好像把不太温暖的童年又重新焐热了一遍。

也许，我们对孩子没有那么多令他刻骨铭心的伤害，但是小小的一句"对不起"却是父母对孩子发自内心的尊重和关爱。

别吝惜这三个字，别让这三个字成为孩子一生的等待！

# 有一种幸福，叫"妈妈情绪稳定"

**◖01◗**

上周和朋友雯一家一起带孩子去海边玩。

两个小家伙商量着要堆一个大沙堡。他们在水桶里装满沙子，又浇上海水，沉甸甸的一桶，月宝晃晃悠悠地提起来，想送到不远处的沙堡堆上去，可是还没迈步子，桶一歪，整桶沙子都扣在了我身上。

我赶紧起身抖掉身上的沙子，雯坐在一旁惊讶地看着我："你脾气可真好！"

这算什么脾气好？和孩子在一起，这种突发状况再正常不过了吧？雯却说："这个场景突然让她想起了4岁那一年。"

当时不是一桶沙子，而是一桶水。她从自家小院的自来水龙头那里拎一桶水到墙边一个养着金鱼的鱼缸那里。

水装得有点多，她拎得很吃力，正不知道怎么办，妈妈突然端着一盘菜火急火燎地从屋里出来，她有点慌，想躲，反而一下子撞到了妈妈的身上。

多半桶水泼到了妈妈的腿上，妈妈大叫一声："要死啊你！"随即给了她一个耳光。她连哭的勇气都没有，看着冰凉的水顺着妈妈的裤脚流下来，傻在了原地。她觉得，末日的感觉也不过如此。

**02**

那桶水泼下去以后，妈妈像只发怒的公鸡一样在院子里尖叫了很久，她看着妈妈因为暴怒而涨红的脸，大哭起来，她哭不是因为委屈，也不是因为被骂，而是担心妈妈会突然倒下。

大概是3岁吧，她记得妈妈和爸爸吵架，也是这样尖叫了很久，然后就突然倒在地上了。爸爸用力地掐着妈妈的人中，然后把妈妈抱到床上，直到静默瘫软的妈妈突然爆发出歇斯底里的哭声，爸爸才扭头走掉。

她陪着妈妈哭了很久很久，眼睛哭得又疼又肿，但是她不知道发生了什么，当时只是觉得妈妈的哀伤那么重，压得她喘不过气来。

后来她发现，能轻易惹恼妈妈的不只有爸爸，还有她。

有时候玩着玩具，突然手里的玩具就被妈妈打飞了："叫你吃饭没听见啊！"有时候上着厕所，手里的漫画突然被妈妈抢过去撕烂了："说多少遍了，上厕所不能看书！"有时候吃着饭，妈妈不知想起了什么，把碗一摔，就捂着脸哭了起来。

雯苦笑着对我说，妈妈在她的记忆里，就是随时可能爆炸的火药桶。她很小的时候就学会了随时面对妈妈突然爆发的情绪，以至于她现在这么大了，都会经常有一种幻觉，觉得坐在她对面的人会突然对她发怒，冲她大吼，或者直接抓起眼前的东西摔到地上。

雯说："你有一个温柔和蔼的妈妈，可能无法理解，妈妈情绪稳定是多么珍贵的幸福。"

我们正聊着，身后突然传来一个女人的叫骂声，好像是给谁打了好几通电话，对方没有接，她气得掉头就走，走两步，又停下来回头骂两句，再走，再骂。

男人抱着1岁左右的孩子愣在原地，孩子大哭着，双手扑向妈妈的方向，男人才不得已跟过去几步，又被女人骂得有点犹豫。孩子在爸爸的怀里打着挺，哭得声嘶力竭，妈妈居然也能狠下心来，不去抱孩子。

我和雯都看得有些气愤了。

雯说："正因为小时候深深地被妈妈的情绪失控所伤害，所以现在特别同情那些可怜的孩子，因为妈妈脾气不好，就总是需要担惊受怕、提心吊胆。"

所以，雯现在也会对孩子格外耐心，因为她知道，她控制不住的脾气，在孩子面前有原子弹爆炸一样的杀伤力。

**🎧 03**

我特别敬佩一种父母，他们在童年遭受过一些创伤，为人父母后能带着觉知，在带自己孩子的时候，不去复制这种模式，而是去反省和改善，给孩子一种脱胎换骨的健康环境。

比如雯，我看她和女儿说话的时候很温和，即使女儿犯了错，也是严肃地提醒，绝不会声色俱厉。她的女儿呢，也温和乖顺得很，看起来也没有什么让妈妈发火的理由。

也许就是这样，妈妈越是情绪稳定，孩子越是不吵不闹；妈妈越是暴躁易怒，孩子也淘气爱哭。

所以，我们常常会在公众场合看到一些母子，一个叫一个哭，声音积累叠加，情绪逐渐达到高潮。

而有一些孩子，看起来也活泼好动，特别能折腾，但是只要妈妈平静，面带微笑，他们也大都服管，妈妈轻易不说话，但说什么就是什么。

## 🎧 04

做妈妈以后，每天被孩子的日常琐事缠身，特别理解什么叫筋疲力尽，什么叫抓狂，什么叫无助。

如果夫妻沟通再出现障碍，婆媳关系没办法捋顺，事业和家庭再没办法平衡，负面的情绪简直就像潮水一样，随时随地可能把人淹没，让人求生也难。

于是总是有妈妈说，我不想跟孩子发火，但是忍不住。我不想打孩子，打完很后悔。可是下一次，还是发火，还是动手。

如果说有什么方法可以清理负面情绪，除了学习情商管理，试着找到情绪的源头，从根本上解决问题，提高自己修养这些高大上的方法的话，最直接的办法就是能够意识到当我们情绪不稳定时，孩子的心灵有多动荡。

如果你爱孩子，怎么忍心让他在你波涛汹涌的情绪里总不能安心？哪怕是玩一会玩具，哪怕是吃一顿饭，都动辄得咎，战战兢兢。

有一种幸福，叫妈妈情绪稳定。这种幸福，你能做到，孩子就能拥有！

# 父母吵过的架，都进入了孩子的灵魂

🎧01

楼下花店的唐小姐左手食指上有一块老茧，暗红色，褪了皮一般，摸起来硬硬的，像一块揭不下来的面疙瘩。白嫩纤细的手指上这块红茧很扎眼，问起缘由，唐小姐总是笑着说，旧伤而已。

有一天下大雨，我被困在唐小姐的店里，左右无事，便细看起她店里的装饰，发现都是软陶。小到一只呆萌的宠物摆件，大到一幅装饰壁画，都是纯手工制作，民族味极重。

我正摆弄她门口的软陶风铃，突然一阵疾风吹来，门前的广告牌"哐啷"一声倒到了地上，声音不小。唐小姐明显地一颤，继而抚着胸脯说："这就是我喜欢软陶的原因，不怕摔，不易碎，掉了也没这么大动静。"

唐小姐说："她特别害怕玻璃碎裂的声音，原因大概要追溯到20多年前。"

那年她不满5岁，弟弟2岁，她们在家里看着动画片，突然爸爸妈妈在厨房里吵了起来。

唐跑到厨房，看到父母正红着眼睛互相咒骂，父亲急了，一手抓过一只暖瓶"砰"地砸到了地上。银白色的瓶胆顿时碎了满地，滚烫的开水化成雾气蒸得厨房一片模糊。

母亲先是一愣，然后突然反应过来，咬牙切齿地说："我让你砸！"她把做好的饭菜一下子推到了地上，褐色的菜汤混着油汁流满了整片石灰地。

唐和弟弟拼尽全力大哭起来，但是他们的哭声掩盖不住玻璃的碎裂声，父亲住了手，母亲却疯了，她抄起一把铲子一通猛砸，灶上的锅、桌子上的碗，无一幸免。最后，那把铲子挥向了窗上的玻璃，一块又一块，玻璃变成尖锐的三角形，像电影里怪兽的獠牙。

是邻居把唐抱走的，唐看见被邻居团团围住的母亲，她头发凌乱，泣涕横流。"不过了！"她坐在地上大喊。

但是日子还是过下去了。在邻居的调解下，父亲母亲都平静下来，只是互相不说话，长达十几日，唐觉得这样挺好。

唐说："小时候觉得最平静的日子就是父母冷战的日子，虽然空气里充满了火药味，但是也好过他们打打砸砸。"

从那次以后，父母每次吵架都砸东西。水杯、酒瓶、收音机，谁不高兴了就来那么一下，石破天惊的一声炸雷，然后就是倾盆大雨，有哭，有骂，各种碎裂的声音混杂在一起，懵懂的世界，天崩地裂。

父母每次大吵，弟弟都上去劝，父亲急了，就会给他一脚，直到他再不敢上前。小小的唐就躲在屋角撕她的手指，细嫩的皮肤一点点的被掐破，把皮撕下来，露出血红的嫩肉。慢慢地皮肤变硬了，结出痂，再后来就变成了一块猩红色的老茧。

唐小姐说，每次提到"家"这个词，就如同触碰到这块老茧，粗糙、沉重、坚硬、麻木，没有什么温度可言。

((02))

为了逃离这个糟糕的家庭，唐非常努力地学习，她要考大学，考得远远的。

后来，她真的考到了别的城市，见到了更大的世界，体验了更多别样的人生。毕业后，她工作2年，用攒下的积蓄开了一家小小的花店，不足以富贵，但足以安生。

她一直试着洗掉自己童年那些悲伤入骨的记忆，虽然这是一项相当庞大的工程，父母当年吵过的架深深地埋在自己的灵魂里，比她手上的痂更难消融。

她坚持读书，因为她发现读书可以使人明智、开阔、甚至自我疗愈。而她的弟弟却没有那么幸运，在一个随时可能爆发战争的家庭里长大，弟弟变得越来越沉默寡言，性格怪僻得很。上学后，他打架、旷课，和两三个男生一起骑几个小时的单车去附近的省城闲逛，即使明知道回来后又躲不开父亲一顿好打。

15岁后，他不再上学了，和几个伙伴一起去省城打工，学手艺，常常一去几个月音信全无，母亲也不是不惦念他，但是他一回来，照例是骂。

骂他不听劝，骂他没本事，骂他不好好上学，连个高中都考不上。弟弟听不进去任何人的话，离家后，走得更远、更久。

现在弟弟学了些手艺，在社会上不至于难以生存，但不爱读书，不懂自我教育的他，思维、眼界都很受限，尤其是遇到重大打击或遭遇失败时，他很难快速调整自己，常常陷入迷茫、困顿和自卑中，无法自拔。

唐和着那天的雨水给我讲起这些悲伤的往事，她说，小时候看着别人的爸爸妈妈有说有笑，觉得那是一种奢望，自己的父母永远不能好好说话，沟通起来永远是那种天崩地裂的状态。对弟弟也是一样，明明关心，说出话来却夹枪带棒。

一对不懂沟通的父母就是孩子生命里的一场霾，永无晴日。

**((03))**

她的话让我想起了大学室友芸。

芸性格淡漠、随和，我们笑，她便笑，我们去玩，她跟着，吃什么、玩什么、做什么，她从来都没有异议。大家在一起无聊，随便讲个笑话，轮到她那里，还没说脸就红了。

慢慢地，宿舍里的姐妹都开始有了男朋友或追求者，宿舍里的电话接连不断，偶尔有芸的电话都是她母亲打来的，电话里声音很吵，芸只是在这边沉默地听着，我们都知道，是她父母又吵架了。

芸每次挂了电话都会跑到床上去发呆，大家劝也不是，不劝也不是。

能说什么呢？一个孩子，身上同时流着父母双亲的血，父母吵架，如同左右手互搏，自己和自己较劲，偏袒哪一方都失衡，批判哪一方都不公，结果就是把父母身上双倍的哀怨压在自己身上，吐不出来，也咽不下去。

我总是在想，芸的母亲如果知道她每次诉苦，女儿都这般难受，她还会打电话来吗？

终于有一次，芸对着不停倾诉的母亲爆发了，她说的是家乡话，我们还是听懂了："我爸有高血压，您心脏又不好，我每天都在图书馆查医书，想尽各种办法给你们调养身体，你们还是这样天天吵！你们要我怎样？是不是我死了你们就不会吵了？！"

全宿舍的姐妹都跟着哭了。深埋多年的哀怨散发出的强大气场，足以震撼任何一个陌生的心灵。

我问过唐和芸同样的话，如果生活可以重来一遍，你们希望父母离婚吗？

她们两个不约而同地告诉我，没有任何一个孩子希望自己的家庭是不完整的，即使见多了父母吵架，也一直在盼望着他们有一天能变得和睦起来，盼望着他们吵完这一次，以后就再也不吵了。

逃离的唐、叛逆的唐弟、极力去拯救的芸都在用自己的方式试图扭转父母婚姻的局面，即使常常于事无补。

如果孩子真的能接受父母离婚，那么他的绝望应该已经种得很深很深，如同一个无法治愈的毒瘤，既然不停地带来痛楚，不如干脆割掉。

🎧 **04**

没有不吵架的夫妻，没有无矛盾的家庭，不同的是，有的夫妻吵着吵着就摸清了对方的底线，找准了自己的位置。你急的时候，我让三分，我进的时候，你退两步。

而有的夫妻，吵了几十年，连炒菜要不要放葱这样的小事都没谈妥，变化的只是今天掀桌子，明天砸电视。

没孩子的时候，婚姻里的妥协退让都是顾及一份感情，有了孩子以后，所有大度的包容，智慧的防守又平添了一份责任。

　　渐渐懂得了，家庭就是一个修行的道场。你修不满的学分、你吃不了的苦、你化解不了的矛盾都会过继给孩子。

　　孩子无时无刻不在看着父母如何处理他们之间的矛盾，家庭琐事处理得好，就给了孩子最棒的生存教育，教会了他们沟通、启迪了他们的心智，教会了他们如何在成全别人的同时护住自己的底线，教会了他们"将欲取之，必先予之"。

　　如果做不到这些，至少还可以在吵架时避开孩子，私下解决问题。而那些最失败的父母，会毫无遮掩地在孩子面前展现自己的坏情绪，将那些夫妻间的怨气深深地刻进孩子的灵魂里。

# 最坏的家风，是父母喜怒无常

月宝的幼儿园最近发生了一件大事！

今天下幼儿园的时候，所有的家长都被请进了教室里，进教室的时候，我们看到所有的孩子都站成了一排，特别隆重。

家长们还没明白过来是怎么回事，教室的窗帘"唰"地一下就被拉上了，灯也啪啪啪地灭了。

这是要干吗？！

家长正在懵圈中，突然眼前一亮，出现了一棵一人多高的圣诞树，上面挂满了小彩灯和各种各样的小装饰品，仔细看，还有孩子们热情洋溢的照片和装饰画。

老师说："这是孩子们用了一周的时间制作的，全部手工DIY，大家商量好了，要给爸爸妈妈们一个惊喜。所以，一直没有向家长透露。"（这些孩子还真是滴水不漏呢！）

这还不算，孩子们还给家长们表演了最近学的几段歌舞，又美丽，又煽情，大冷天看得我们热泪盈眶。

一出教室，我就把月宝抱在了怀里，40多斤的她，此时竟然也不觉得重了。其他的孩子，也蹦蹦跳跳地牵着妈妈的手，和妈妈又亲又搂的。

伴着圣诞节的歌曲，场面超级温馨。

可是我们刚出了幼儿园没走多远，身后突然传来一阵哭声，回头一看，是月宝的同班同学小束。他的妈妈铁着脸，在前面走，小束一边哭，一边小跑跟上。

这是怎么了呢？刚才在教室里还是一副母慈子孝、其乐融融的景象，怎么5分钟不到，就暴风骤雨了？

母子俩走着走着，小束妈妈突然回过头，躲闪不及的小束差点撞到她身上。小束妈妈半蹲下来说："我让你走你就走！你想玩？你知不知道我累了一天了！下次我再叫你你不走，我就把你放幼儿园里寄宿！"

小束大叫着"不行"，号啕大哭起来。他显然把"寄宿"二字当真了，却不知妈妈的重点是"我累了一天了"。

累了一天了，恨不得赶紧回家休息，却被幼儿园拉进去看表演，想必刚才那番惊喜也不是由衷的吧。不过连我都没看出小束妈妈心里的兵荒马乱，小束更不能吧？刚才妈妈还是满脸笑容，一出幼儿园就翻脸了，这变化也太大了，小束能受得了吗？

((02))

我想起以前一个朋友说过的一句话，她说："在她家，天气预报什么的都不好使，她妈妈的脸才是一张晴雨表，老天爷安排好的事，也得看她妈妈执行不执行才是。别人出门前先看天气预报，她是进门后先看她妈妈的脸。"

　　她妈妈要是眉开眼笑在厨房做饭，还顺带哼着小曲，那就是艳阳高照，这一晚上，她可以随便嘚瑟，赶紧划拉完作业还能看两眼电视。要是一进屋，没什么动静，她喊一声妈，都没人答应，那八成不是"雾霾爆表"，就是要"大雨倾盆"，所以得赶紧收敛躁动的小野心，进门先写作业，写作业时做冥思苦想状，写完作业啥都别说，赶紧睡觉！不然她妈那一肚子火都得冲她发过来。

　　当然，她能摸清老妈脾气的时候已经是16岁以后了，16岁以后，她才逐渐明白，考试成绩好不好，电视看得多不多，头发留得长不长、该不该剪都不是导致老妈发火的理由，老妈这一天过得好不好才是关键。

　　她长大后最后悔的事，就是没有早一点认清这一点，如果她早一点认清这点，就不会把每次妈妈和爸爸吵架的原因怪罪到自己身上，不会因为自己默写时写错了一个字害妈妈生气而自责不已，不会在妈妈大叫着"都是为了你，我才会变成现在这个样子"时恨不得杀了自己。

　　她白白地流过太多眼泪了……

🎧 **03**

　　其实妈妈也没有什么错，就是情绪化了一点而已。高兴了就一切都好，不高兴了就尽情发泄脾气。

　　我这位朋友不知道，她已经算是过早地明白了这个道理的。很多人到了谈婚论嫁的年龄都还没搞清楚状况。比如我认识的一个姑娘小惠，29岁了，情路异常坎坷。

　　她属于那种非常黏男友的类型，和男友超过3天不见面就受不了，男友半天不给她打电话她就胡思乱想，男友对她说一句重话她就以泪洗面。

她需要不停地向男友求证他爱她！一直逼问到男友说："好吧，我就不爱你了，怎么着吧！"

这种习惯，可以追溯到她小时候，她小时候以为妈妈对她笑就是喜欢她，妈妈对她吼就是不喜欢她。

她记得她有一个洋娃娃，有一天她学会了给娃娃梳头，就高兴地给妈妈看，妈妈表扬了她，还给了她一个大大的拥抱和亲吻。但是有一天她见妈妈不太开心，想哄妈妈高兴，就又给娃娃梳好头举给妈妈看，没想到妈妈说："滚一边去！"

她没哭，她愣了。她说当时她有一种被欺骗的感觉，原来妈妈以前说最最爱她，是假的。于是长大后，她也要一遍一遍地向爱她的人求证：你爱我，是真的吗？

**◖◗04◖◗**

《与神对话》一书中写道，人类两种最真实的情感，是爱和怕。

这两种情感在人生初始的时候，是由父母种下的，如果父母种下的"爱"多过"怕"，那么孩子一生感情的基调都将从爱出发。但如果父母种下的"怕"多过"爱"，那么孩子长大后为人、做事都没有安全感，将活得畏首畏尾，战战兢兢。

每对父母都向孩子表达过爱，不论是通过语言还是行动。但是让孩子偶尔感觉到爱，不算什么，重要的是，能不能持续让孩子感觉到自己是被爱的。

孩子是通过什么来判断呢？就是通过父母的态度。

你说你是为他好，但是面目狰狞，动不动就抄家伙、掀桌子、满嘴脏话。对不起，孩子感受到的不是爱，是怕。

你带孩子流落街头，身无分文、衣食无着，但你可以眼含泪光地说："对不起，爸爸妈妈没有给你很好的生活。"然后把他用破衣烂衫裹得紧紧的，那么孩子感受的是爱，却不会有丝毫的惧怕。

很多喜怒无常的父母生活在这两个极端的例子中间，顺风顺水的时候能把孩子捧上天，一肚子怨气的时候却恨不得把孩子踩在脚下。

🎧 05

都说家风能体现一个家庭的精神面貌，一个好的家风能让家族中的后代有良好的道德风尚和行为准则。

且不说父母能不能做到德行高尚，但最基本的家风该是父母情绪平和。

一个家人之间沟通无障碍，说话和风细雨的家庭走出来的孩子自然温良圆润，懂得关怀，懂得尊重。

一个家长喜怒无常，说话做事都要看家长高不高兴的家庭走出来的孩子，为人处世要么乖戾，要么就谨小慎微，这样的孩子不能说都一生艰涩，但想要重塑自己性格，丝毫不受原生家庭的影响，少，而且难。

都是感情动物，谁还没有个情绪呢！重点是，我们一定要在孩子面前表现出来吗？

不产生情绪不可能，但是和孩子相处前，提前转化情绪、消化情绪，做到这一点，也许并不难。

# 父母的身上，藏着孩子的未来

前几天我带月宝去科技馆玩，演示能量转换的展示架是一个小型的过山车，一个钢球从高处滚下来，沿着轨道转几个圆周，拐几道弯，最后停在起点。

起点处，小朋友们排起了长龙，看不懂门道的他们觉得好玩，依次捧着球爬上台阶，把球放在最高的轨道上，推它滚下云，滚到起点后，下一个小朋友再送上来。

我们在后面排着队，队伍移动得异常缓慢，这才发现前面有个六七岁左右的男孩把球送上去后又快速地跑回起点，抢过球，接着玩。

排队的小朋友都比较小，没有人抢得过大哥哥，若不是有几个家长帮着孩子抢球，后面的孩子根本没法玩。我看了看四周，那男孩附近有个女人，应该是男孩的妈妈，她一直低头看手机，显然没有发觉儿子的做法有什么不妥，或者，她根本就没看到儿子在做什么。

终于轮到月宝了，那个孩子照例把手堵在接球的洞口，不让月宝靠近，我拍拍他："小朋友，去后面排队。"

我做好了他会顶撞我的准备，但是他的表现却出人意料。

"啊？还要排队是吗？"他看了看后面的队伍，然后真的去排队了，只不过在栏杆上百无聊赖地趴了一会，受不了漫长的等待就走开了。

那个看手机的女人还算警惕，很快就跟上了儿子的脚步。看来她一直都在默默地关注着儿子，但是她为什么不告诉孩子应该去排队呢？

那个男孩未必知道玩游戏应该排队，也或者他知道，因为毕竟有那么多人在排队他不会看不见，但是他会觉得不排队也没有什么了不起。因为面对他的行为，近在咫尺的妈妈一直选择了默许。

## 🎧 02

管月宝管得紧了时，她会质疑我还爱不爱她。我便给她讲了一个故事，还蛮血腥的。

有一个盗贼因为抢劫被判了死刑，行刑前，他恳请法官让他对母亲再最后说一句悄悄话。母亲含着泪把耳朵凑到他嘴边，没想到盗贼一口咬下了母亲的耳朵。他对母亲说，我恨你，当我小时候第一次小偷小摸的时候，你就应该告诉我这样做是不对的，你为什么不告诉我？！导致我偷得越来越厉害，最后变成抢劫，酿成大错。

孩子做得不对时，家长要告诉他，这是最基本的为人父母的职责。

很多家长认为，把孩子送进学校，尤其是送进好学校，就可以顺理成章地完成对孩子的教育，却忽视了有一些教育必须家长亲自来做。比如，打喷嚏的时候应该用手捂住嘴，走出大门的时候要为身后的人扶一下门，别人在交谈的时候不能贸然打断，不要从两个对话的人中间穿过……这些细节不属于学校的教育范畴，但是却处处体现着一个人的素养。

素养这东西不能量化成分数，也不能折算成金钱，但却可以决定一个孩子人生的走向，决定他在未来的人生中是四两拨千斤还是失之毫厘谬以千里。

((03))

我有一个高中同学，是当年班里的"学霸"，后来考上清华大学计算机系，毕业后工作也顺风顺水，但就是迟迟找不到老婆。

几个月前同学聚会，一向不与我们亲近的他竟然出席了，席间他透露自己还单着，让兄弟姐妹们有合适的帮他介绍。大家嘴上应着，心里却都在摇头。

我们不仅认识他，还认识他母亲。当年开家长会的时候，他的母亲大概是得意于自己儿子是年级前三甲，从来都不把别的家长放在眼里，她永远坐第一排，永远趾高气扬。还曾经因为班主任让他儿子坐最后一排，在办公室里威胁班主任，如果不调座就告到校长那里让她下课。

这个自诩为某国企人事主任的中年妇女，让当年的我们对全世界的人事主任都没有了好印象。

"学霸"和他母亲一样，也永远是一副目中无人的样子，体育课从来不和男生一起踢球，班里的活动永远不参加，对老师说话从来不用"您"字，提起老师历来都是直呼其名。

把好姑娘介绍到这样一个家庭，不是把人家往火坑里推吗？！

身在婚姻中的人都知道，在家庭生活中，一个人的品性比学历更重要。真正决定一个人婚姻能不能幸福的，绝不是他上过哪个大学，读了哪个抢手专业，做了什么体面的工作，而是他能不能为伴侣着想，能不能尊重伴侣和伴侣的家人，能不能站在伴侣的角度考虑问题，能不能在生活上给伴侣体恤和关怀，能不能在生活琐事上有容人的雅量。

这些全都是名牌大学都教不出来的素养和底蕴，我们班那个"学霸"在这些方面显然是不及格的。

**((04))**

月宝快上小学了，我们几个幼儿园家长一凑到一起就会研究让孩子上哪个小学的事，说实话，我在这方面并没有太多的顾虑。

的确，我们都想让孩子享受到最好的教育资源。但是我发现，孩子人生中最重要的一本教材不是学校的教材，而是父母本身。我们的一举一动、一言一行对孩子的影响远远大于老师所能给他的影响。

家长的三观正、眼界宽，即便学校的教材再糟，孩子幸福的可能性也不会太小。但是如果家长自私狭隘，暴躁强势，孩子读的学校再好，他成才的可能性也不会太高。

每个孩子降生时都天赋异禀，但是随着年龄增长，他们在行为习惯，脾气秉性上却越来越像父母，有时候，这是件很可怕的事。因为他们不仅遗传了你的双眼皮、你的白皮肤，继承了你浑身上下熠熠生辉的闪光点，同时他们还会继承你的缺点。

你爱发脾气，孩子势必喜欢尖叫；你不爱收拾屋子，孩子的玩具和衣服一定丢得乱糟糟；你高冷，他就不爱搭理人；你爆粗口，他的嘴巴也不会干净。

孩子这面镜子会照出我们所有的伪善和不堪，照出我们被现实打磨得过于冷漠的内心，照出我们的言不由衷，照出我们的推诿狡辩，把我们照得原形毕露。

可是我们自己都灰头土脸，却还要一本正经地教育孩子：

"幼儿园岂是你想不去就不去的？你要坚持！"然后送完孩子一扭头，我们就翘班喝咖啡去了。

"做什么饭就吃什么，小孩子不能挑食！"然后吃套餐时我们把不爱吃的菜挑出来倒掉了。

"早睡早起不能赖床！"然后送完孩子我们回家睡回笼觉。

"看动画片不能超过半小时。"然后我们捧着iPad追剧到凌晨。

我们严格要求孩子，却对自己如此开恩！

05

但是挑战最多的地方永远都是机遇最多的地方，我们可以通过完善自己，修复自己，来改掉孩子身上的毛病：你想让孩子变成什么样，你就先变成什么样。

比如我以前是个熬夜狂魔，后来发现孩子也常常十一二点才睡，早晨根本起不来。于是我痛定思痛，每天保证十点前和孩子一起洗漱完毕，关了卧室的灯，一起睡觉，再也不想着等她睡着后偷偷爬起来写稿了，结果发现自己每天都神清气爽，不像以前因为熬夜写稿第二天刚起来就哈欠连天。

比如我同事曾是个超级吼妈，后来她发现孩子用娃娃玩"过家家"时也喜欢对娃娃呼来喝去，她就赶紧收敛暴脾气，每次想发火时都深呼吸。现在她和顺多了，她常说她当了30多年的"女汉子"，结果孩子硬是把她变成了淑女。

孩子就是我们人生中的一管"鸡血"，是我们生命中的"小皮鞭"。

你能粉饰自己，却粉饰不了孩子，你能找得出一万个苟且偷生、粉饰岁月的理由，却躲不开孩子澄澈的目光，逃不开她如影随形地模仿着你的样子。

孩子会迫使你成为更好的人！

## 06

很多人认为，在这个时代，出身对命运起着决定性的作用，所以生在普通家庭中的孩子未来面临的困难要比富人家的孩子大得多。

不无道理，却并不全面。

我们总是在乎孩子所能获得的外在条件，包括他以后能有什么学历，能有什么特长，能有多大的见识，能有多么强大的背景关系……但是真正能够决定一个人是否成功的，却是一个人的软实力。

他如何与人相处？他做事时态度如何？他是否与人为善？他在家庭生活中有没有责任感？这些软实力才是决定一个人能否幸福的主因。

所以，不管我们属于哪个阶层，也不该灰心，也不该得意，更不该在孩子的家教问题上掉以轻心，因为家长才是孩子最重要的教材，这教材的质量高下完全由你自己来决定，进而也会影响孩子的一生。